Learn French with Stories for Beginners

Volume 3

With audio

Frédéric BIBARD _(TalkinFrench.com)_

"Best blog dedicated to the French Language and Culture for 2014/15."
(Voted by the Language Portal blab.la and its community)

1

A rewarding and effective method of learning French.

If you cannot easily visit a French-speaking country and immerse yourself in the French language, reading is one of your best alternatives.

A painless and effective way to absorb the French language.

Reading has long been proven to be one of the most effective ways of learning a foreign language. By studying in this way, you should be able to improve your French without the monotonous chore of memorising grammar. These eBooks cover a diverse range of grammatical structures (description, casual conversation, useful vocabulary).

No dictionary necessary

Each paragraph is broken down - with a French and English glossary.

Nadine, Louis et Théo sont amis. Ils **partagent** un grand appartement en centre-ville. Leur logement est **agréable** et il est situé à seulement quinze minutes à pieds de l'université. Ils pensent tous que cela est très **pratique**, surtout pour ne pas **être en retard** à leurs cours !

Dans l'appartement, ils ont chacun **leurs propres chambres**. Il y a aussi un **salon**, qui sert de **salle à manger**, et une petite **cuisine**.

partager	to share
agréable	pleasant
pratique	convenient
être en retard	to be late
leurs propres chambres	their own bedrooms
salon	living room
salle à manger	dining room
cuisine	kitchen

No painful back and forth process of continually searching for definitions or translation.

Recommended for beginner learners of French.

Just a few hours of study are necessary before you read these stories.

Improve your listening:

Practice your pronunciation and your listening with the **MP3! Available in two versions: Normal Speed and Slow Speed** (read by a French Native Speaker). **Total: Four hours of audio.**

Never forget the vocabulary.

A vocabulary list recap appears at the end of each chapter. You can review your study and make sure that you don't forget any essential French words.

Useful vocabulary for everyday situations:

15 stories about:

1. Chores
2. Asking- Giving Directions
3. Transports
4. Making Plans- Future
5. Body Parts
6. Beauty
7. Like- Dislike
8. Greetings
9. Bank
10. Meals

11. Police

12. Hobbies

13. Car

14. Art and Disabilities

15. Quantity and Comparison

Technical details:

- 1500 words and expressions in French translated into English
- MP3 (4 hours in total)
- Total combined length of the stories: 15,000 words (equivalent to a 60-page book)

Buy this book and start brushing up on your French today!

Also by the author:

Colloquial French Vocabulary

Review: 5.0 out of 5 stars "**A very helpful book if you want authentic French Idioms and Idiomatic Expressions!** » Andrea Klaus.

French Phrasebook:

Review: 5 out of Stars. "An excellent composition for those aspiring to travel to a French based country and needs assistance in picking up the language or to brush up their knowledge". Jan.S

365 Days of French Expressions with audio

Review: 5 out of 5 Stars. "An excellent short ebook. I learn some very nice idioms." Laura Davis.

Want more ?

Check it out Talk in French my website dedicated to the French Culture and Language.

Important ! The link to download the MP3 is available at the end of this book.

Contents

Histoire/Story 1 : Grand ménage dans l'appartement.

Nadine, Louis et Théo sont **étudiants**. Ils vont tous dans la même université. Nadine **étudie** la sociologie, Louis l'économie et Théo étudie l'histoire. Théo est **le plus jeune** des trois étudiants : il a vingt ans et est en deuxième année. Nadine et Louis sont plus âgés : la jeune femme est en troisième année de Licence et Louis **commence** son Master. Ces trois jeunes se connaissent depuis un an et ils **vivent en colocation**.

étudiants	students
étudier	to study
le plus jeune	the youngest
commencer	to begin
vivre en colocation	to flatshare

Nadine, Louis et Théo sont amis. Ils **partagent** un grand appartement en centre-ville. Leur logement est **agréable** et il est situé à seulement quinze minutes à pieds de l'université. Ils pensent tous que cela est très **pratique**, surtout pour ne pas **être en retard** à leurs cours !

Dans l'appartement, ils ont chacun **leurs propres chambres**. Il y a aussi un **salon**, qui sert de **salle à manger**, et une petite **cuisine**.

partager	to share
agréable	pleasant
pratique	convenient
être en retard	to be late
leurs propres chambres	their own bedrooms
salon	living room
salle à manger	dining room
cuisine	kitchen

L'appartement est **lumineux** car il y a beaucoup de **fenêtres** et elles sont orientées vers le sud. L'été, les trois jeunes gens profitent souvent du soleil sur leur petit **balcon**. Nadine met **des plantes vertes** sur le balcon et Théo sort souvent des **chaises**. En bas de l'immeuble, il y a un petit **jardin**. Le jardin est partagé avec les autres habitants de **l'immeuble**. Chacun leur tour, les locataires doivent **tondre la pelouse** et couper les fleurs.

lumineux	bright /luminous
fenêtres	windows

balcon	balcony
plantes vertes	(green) plants
chaises	chairs
jardin	garden
immeuble	building/block of flats
tondre la pelouse	to mow the lawn

Aujourd'hui, nous sommes samedi. Les trois étudiants n'ont pas de cours et ils **font la grasse-matinée**. Après avoir mangé, Nadine réunit ses deux amis pour organiser **les travaux domestiques**. L'appartement est **sale**, il y a beaucoup de choses à ranger et à **nettoyer**. Comme ils vivent **ensemble**, la jeune femme pense que c'est normal de **partager les tâches**. Ils se mettent donc d'accord sur qui fait quoi. Ensemble, ils **font le ménage**.

faire la grasse-matinée	to sleep late
les travaux domestiques	the household chores
sale	dirty
nettoyer	to clean
ensemble	together
partager les tâches	to share the tasks
faire le ménage	to clean up

Nadine commence par **ranger les vêtements**. Théo laisse toujours son manteau et ses chaussures dans le salon. Il doit les ranger dans **le placard** ou dans sa chambre. Ensuite, la jeune femme **fait le lit** dans les trois chambres. Elle change **les draps** et met **une couverture** sur le lit de Théo. Louis **dort sans oreiller**, cela amuse toujours la jeune femme. Nadine **range sa propre chambre** et elle **range les magazines** dans le salon.

ranger les vêtements	to put away the clothes
le placard	the cupboard
faire le lit	to make the bed
les draps	the sheets
une couverture	a comforter
dormir sans oreiller	to sleep without pillow
ranger la chambre	to clean the room

ranger les magazines	to put away the magazines

Louis sort **le balai** et **nettoie le sol** de la cuisine.

« Tu peux m'**aider à nettoyer le salon** ?, demande Nadine à Louis.
- Oui, je peux te **donner un coup de main** », répond le jeune homme.

Louis passe donc le balai dans le salon. Nadine, elle, **vide la corbeille** et sort **l'aspirateur** du placard.

Louis termine de passer le balai et Nadine **passe l'aspirateur**.

Le balai	broom
nettoyer le sol	to sweep the floor
aider à nettoyer le salon	to help clean the living room
Donner un coup de main	to give an hand
vider la corbeille	to empty the wastepaper basket
l'aspirateur	the vacuum
passer l'aspirateur	to vacuum

De son côté, Théo **nettoie la salle de bain**. Il passe **l'éponge** pour nettoyer **le lavabo** et la **baignoire**. Il nettoie aussi **le miroir** et les toilettes. Ensuite, il s'occupe de **laver le linge**. Il y a beaucoup de chemises sales. Théo pense qu'il n'a plus aucune chemise propre dans son **armoire**.

Il y a aussi du linge **propre et sec** qui attend d'être repasser. Théo sort donc **le fer à repasser**. Le jeune homme **repasse les chemises** de Louis et plusieurs jupes de Nadine.

Nettoyer la salle de bain	to clean the bathroom
l'éponge	the sponge
le lavabo	the sink
la baignoire	the bathtub
le miroir	the mirror
laver le linge	to do laundry
propre et sec	clean and dry
le fer à repasser	the iron

repasser les chemises   to iron the shirts

Dans l'appartement, les trois étudiants ont un aquarium avec des petits **poissons** de toutes les couleurs. Nadine aime beaucoup les animaux. Quand elle va voir ses parents, elle sort **promener le chien**. Parfois, la jeune femme **donne à manger au chat** du voisin quand il est dans le jardin.

Nadine **vide** et **nettoie l'aquarium**. Elle fait très attention aux poissons. Puis elle **remplit** l'aquarium avec de l'eau propre et donne à manger aux poissons.

Poissons	fishes
promener le chien	to wal the dog
donner à manger au chat	to feed the cat
vider	to empty
nettoyer l'aquarium	to clean the aquarium
remplir	to fill

Louis **débarrasse la table** et **fait la vaisselle**. Il essuie les verres et les assiettes puis il **range la vaisselle** propre dans le placard. Il **essuie la table** et **met le couvert** pour le dîner du soir. Louis aime cuisiner et il veut préparer un plat avec des carottes pour le dîner. Il faut **laver les légumes** et **éplucher les carottes**. Mais d'abord, Louis **vide les ordures** et **sort la poubelle**. Ensuite, le garçon prend **un chiffon** et **dépoussière** l'appartement. Pour finir, Louis **nettoie les vitres**.

Débarrasser la table	to clear the table
faire la vaisselle	to do the dishes
essuyer les verres	to dry the glasses
ranger la vaisselle	to put away the dishes
essuyer la table	to wipe the table
mettre le couvert	to set the silverware
laver les légumes	to wash thevegetables
éplucher les carottes	to peel the carrots
vider les ordures	to empty the garbage
sortir la poubelle	to take out the trashcan
un chiffon	a napkin
dépoussiérer	to dust

nettoyer les vitres	to clan the windows

Théo aime s'occuper du **jardinage**. Sur le balcon, il **arrose les plantes**. Avec un petit **sécateur**, le jeune homme coupe quelques feuilles puis il arrose les **fleurs**. Dans le jardin en bas de l'immeuble, Théo voit monsieur Dubois qui **taille les arbustes**. Souvent, ce voisin **plante des fleurs** dans le jardin commun et arrose l'herbe avec **le tuyau d'arrosage**. Le petit jardin est très beau et vert. Théo aime **couper l'herbe** et tondre la pelouse. Il y a **une tondeuse** dans la cave de l'immeuble.

Jardinage	gardening
arroser les plantes	to water the plants
sécateur	pruner/secateurs
fleurs	flowers
tailler les arbustes	to prune the shrubs
planter des fleurs	to plant flowers
le tuyau d'arrosage	the hose
couper l'herbe	to cut the grass
une tondeuse	a lawn mower

« **Salut, Théo !** », dit monsieur Dubois.

Le voisin voit Théo qui est toujours sur le balcon.

« Bonjour monsieur Dubois !, répond Théo. Vos fleurs sont magnifiques !

- Merci ! Tu peux me **rendre un service** ?

- Oui, bien sûr, dit l'étudiant.

- **J'ai besoin** d'un vieux **couteau** pour **réparer** le tuyau d'arrosage. Tu peux m'en **apporter** un, s'il-te-plaît ? »

Théo habite au **premier étage** et il a un vieux couteau dans la cuisine. Cela ne le dérange pas de le **donner** à son voisin. Tout le monde s'**aide** dans l'immeuble ; les voisins sont très gentils entre eux.

Salut Théo !	Hi Théo !
Rendre service	to do a favor
j'ai besoin	I need

un couteau	a knife
réparer	to repare
apporter	to bring
premier étage	first floor
donner	to give
aider	to help

La journée de samedi se termine. À la fin de l'après-midi, les trois étudiants sont **épuisés**. Le ménage est fait et l'appartement est complétement rangé. Nadine est vraiment **contente** de tout ce travail **bien fait** ! Les trois amis décident de **se reposer** un peu. Ils se félicitent car tout est **propre**. En plus, l'appartement **sent bon** !

Assit sur le canapé, Théo **allume** la télé, sort des magazines et des chips. Il y a de nouveau quelques miettes sur la table.

« Attention Théo !, dit Louis en rigolant. Je ne veux pas **refaire** le ménage dans une heure ! »

épuisé	exhausted
content/contente	happy (M/F)
bien fait	well done
propre	clean
sentir bon	smell good
allumer	to turn on
refaire	to do again

Vocabulary Recap 1:

Étudiants	students
étudier	to study
le plus jeune	the youngest
commencer	to begin
vivre en colocation	to flatshare
Partager	to share
agréable	pleasant
pratique	convenient
être en retard	to be late
leurs propres chambres	their own bedrooms
salon	living room
salle à manger	dining room
cuisine	kitchen
Lumineux	bright /luminous
fenêtres	windows
balcon	balcony
plantes vertes	(green) plants
chaises	chairs
jardin	garden
immeuble	building/block of flats
tondre la pelouse	to mow the lawn
Faire la grasse-matinée	to sleep late
les travaux domestiques	the household chores
sale	dirty
nettoyer	to clean
ensemble	together
partager les tâches	to share the tasks
faire le ménage	to clean up
Ranger les vêtements	to put away the clothes
le placard	the cupboard
faire le lit	to make the bed
les draps	the sheets
une couverture	a comforter
dormir sans oreiller	to sleep without pillow
ranger la chambre	to clean the room
ranger les magazines	to put away the magazines
Le balai	broom
nettoyer le sol	to sweep the floor
aider à nettoyer le salon	to help clean the living room
Donner un coup de main	to give an hand

vider la corbeille	to empty the wastepaper basket
l'aspirateur	the vacuum
passer l'aspirateur	to vacuum
Nettoyer la salle de bain	to clean the bathroom
l'éponge	the sponge
le lavabo	the sink
la baignoire	the bathtub
le miroir	the mirror
laver le linge	to do laundry
propre et sec	clean and dry
le fer à repasser	the iron
repasser les chemises	to iron the shirts
Poissons	fishes
promener le chien	to wal the dog
donner à manger au chat	to feed the cat
vider	to empty
nettoyer l'aquarium	to clean the aquarium
remplir	to fill
Débarrasser la table	to clear the table
faire la vaisselle	to do the dishes
essuyer les verres	to dry the glasses
ranger la vaisselle	to put away the dishes
essuyer la table	to wipe the table
mettre le couvert	to set the silverware
laver les légumes	to wash thevegetables
éplucher les carottes	to peel the carrots
vider les ordures	to empty the garbage
sortir la poubelle	to take out the trashcan
un chiffon	a napkin
dépoussiérer	to dust
nettoyer les vitres	to clan the windows
Jardinage	gardening
arroser les plantes	to water the plants
sécateur	pruner/secateurs
fleurs	flowers
tailler les arbustes	to prune the shrubs
planter des fleurs	to plant flowers
le tuyau d'arrosage	the hose
couper l'herbe	to cut the grass
une tondeuse	a lawn mower
Salut Théo !	Hi Théo !
Rendre service	to do a favor
j'ai besoin	I need

un couteau	a knife
réparer	to repare
apporter	to bring
premier étage	first floor
donner	to give
aider	to help
épuisé	exhausted
content/contente	happy (M/F)
bien fait	well done
propre	clean
sentir bon	smell good
allumer	to turn on
refaire	to do again

Histoire/Story 2 : Pas facile de se repérer dans la ville !

Lucy et Eric sont un jeune couple. **Ils sont anglais** et ils passent une semaine de vacances en France. Ils visitent le nord du pays et Paris. Pour leurs **deux derniers jours**, le couple décide de visiter la ville de Rennes, dans l'**ouest** de la France. Lucy connait un petit peu cette ville car elle a une cousine qui **habite** ici. Mais la jeune femme **ne vient pas souvent** à Rennes et sa cousine **déménage** bientôt dans **une autre ville**. Ce n'est donc pas prévu que Lucy vienne la **déranger** durant ce séjour.

Ils sont anglais	they are english
deux derniers jours	the last two days
ouest	west
habiter	to live
venir souvent/ne pas venir souvent	to come often/ to do not come often
déménager	to move
une autre ville	another city
déranger	to disturb

Le couple se rend à Rennes **en train** depuis Paris. Ils **veulent** visiter la ville : voir le centre-ville avec ses **vieux monuments** et visiter les musées. Il y a aussi beaucoup d'**églises** à voir, des parcs pour se promener et la cathédrale à visiter.

Eric et Lucy n'ont pas de **plan de la ville**. **Devant la gare**, ils ne savent pas **où aller**.

« Il faut trouver **l'office de tourisme**, dit Lucy. Là-bas, on prendra une carte de la ville. »

Eric est d'accord, mais **il ne sait pas** de quel côté se trouve l'office de tourisme.

En train	by train
vouloir	to want
vieux monuments	olds monuments
église	church
plan de la ville	map of the city

devant la gare	in front of the train station
où aller	where to go
l'office de tourisme	the tourism office
il ne sait pas	he doesn't know

Lucy et Eric sont à pieds. Ils aiment beaucoup **marcher** et ne pensent pas **louer une voiture**. En plus, il y a des bus et le métro à Rennes. Et, si besoin, le couple peut **prendre un taxi**.

Les deux jeunes touristes décident de **demander la direction** à un passant. Eric ne parle pas du tout le français, mais Lucy le parle un petit peu. Elle sait demander son chemin et **comprendre** les réponses.

« **Excusez-moi, pour aller à l'office de tourisme ?** », demande la jeune femme à un homme dans la rue.

L'homme est très gentil. Il **parle** lentement et il explique à la fille où se trouve ce bâtiment.

« **On peut y aller à pieds ?** », demande ensuite Lucy.

L'homme conseille de prendre le bus car l'office de tourisme est un petit peu **loin**. Il dit quel bus prendre et dans quelle direction.

Marcher	to walk
louer une voiture	to rent a car
prendre un taxi	to take a taxi
demander la direction	to ask for the direction
comprendre	to understand
excusez-moi, pour aller à l'office de tourisme ?	Excuse me, how do I get to the tourism office ?
Parler	to talk
on peut y aller à pieds ?	Can we walk there ?
Loin	far away

Le couple prend le bus et **trouve** l'office de tourisme. Là, ils prennent une carte de la ville et regardent quels monuments sont **à côté**. Il y a une église, puis **un musée** qui n'est pas loin. Lucy et Eric trouvent l'église facilement, mais il y a **beaucoup de petites rues** et Eric n'arrive pas à se repérer correctement.

Après plusieurs minutes, le couple ne sait plus où aller.

« **Nous nous sommes perdus**, dit Eric. Ça fait **deux fois** que nous passons devant ce **carrefour**. Même avec la carte, je ne vois pas le musée. »

trouver	to find
à coté de	next to
un musée	a museum
beaucoup de petites rues	many little streets
nous nous sommes perdus	we are lost
deux fois	twice
carrefour	crossroad

Lucy pense demander son chemin une nouvelle fois. Elle **arrête** une femme qui est avec son petit garçon.

« Excusez-moi madame, **nous cherchons le musée.**

- Oui, répond la femme. **Continuez tout droit et après l'église, tournez à gauche.**

- **C'est loin ?,** demande Lucy.

- **Non, c'est à cinq minutes.**

- On peut y aller à pieds ?

- Oui, bien sûr !, dit la femme. En plus, **c'est indiqué.** Il y a un **panneau** là-bas.

- **Merci beaucoup !,** dit Lucy.

- **Je vous en prie !** », dit la femme.

Le couple se sent un peu idiot de ne pas avoir vu le panneau qui indique la direction du musée.

Arrêter	to stop
nous cherchons le musée	we are looing for the museum
continuez tout droit et après l'église, tournez à gauche	keep straight on and after the church, turn left
c'est loin ?	Is it far ?
Non, c'est à cinq minutes	No, five minutes

c'est indiqué	it's signposted
un panneau	a sign
merci beaucoup	thank you very much
je vous en prie !	you're welcome !

Après la visite du musée, le couple veut aller dans **le centre-ville** pour boire un verre. Eric part vers la gauche. Il est très sûr de lui et ne regarde pas la carte.

« **C'est par ici** !, dit-il à sa compagne.

- Non, **c'est par là**, répond Lucy. À droite **au coin de la rue** et ensuite passez devant **le rond-point**.

- Tu es sûre que **c'est la bonne direction** ?, demande Eric à sa compagne.

- Oui, mais **ça fait une bonne marche**. »

Ce n'est pas grave. Eric fait confiance à la jeune femme et, de toute façon, il adore marcher !

Le centre-ville	the town center
c'est par ici	it's this way
c'est par là	it's that way
au coin de la rue	at the street corner
le rond-point	the roundabout
c'est la bonne direction	it's the right way
ça fait une bonne marche	it's a long way to walk

Lucy et Eric marchent vers le centre-ville. Ils **dépassent un supermarché** et continuent tout droit. **Sur la gauche**, il y a un parc. Plus loin **sur la droite**, il y a une autre église. Lucy veut la visiter, mais Eric ne veut pas. Il veut arriver dans la vieille ville rapidement.

Eric et Lucy ne sont pas loin de leur destination et Eric **espère** arriver bientôt. Le jeune homme a soif et il a envie de **s'assoir**.

« **Quelle distance ça fait d'ici à la gare** ?, demande le jeune homme à sa compagne.

- **Je ne sais pas**... », dit Lucy.

Dépasser un supermarché	to pass a supermarket

sur la gauche	on the left
sur la droite	on the right
espérer	to hope
s'assoir	to sit
quelle distance ça fait d'ici à... ?	how far is it to … from here?
Je ne sais pas	I don't know

Dans une des rues, un homme les arrête. L'homme a **un accent allemand** quand il parle. C'est probablement un touriste lui aussi.

« S'il-vous-plait !, dit-il à Lucy et Eric. **Savez-vous où se trouve le bureau de poste ?**

- Désolée, je ne sais pas. **Je ne suis pas d'ici** », répond Lucy.

L'homme semble vraiment perdu.

« **Je cherche cette adresse** », dit-il. Il montre un papier à la jeune femme. « **Vous avez une carte ?**

- Oui, attendez. »

un accent allemand	a german accent
savez-vous où se trouve le bureau de poste ?	Do you know where the post office is ?
Je ne suis pas d'ici	I'm not from around here
l'homme semble vraiment perdu	the man seems really lost
je cherche cette adresse	I'm looking for this address
vous avez une carte ?	Do you have a map ?

Lucy sort la carte de la ville et la **donne** à l'homme. Ensemble et avec Eric, ils cherchent l'adresse de l'homme.

« Vous êtes dans **la mauvaise direction**, lui explique Lucy. Prenez cette rue. Prenez la première à gauche et tournez à droite au carrefour. **Vous allez dépasser la caserne des pompiers** et continuez encore sur **deux cent mètres** je pense.

- La caserne des pompiers ?, demande l'homme. **Vous pouvez me montrer sur la carte ?** »

Lucy lui montre le chemin sur la carte. L'homme comprend le chemin et il remercie Lucy pour son aide. Eric est amusé : lui et sa compagne ne sont pas les seuls à **se perdre** dans cette ville !

Donner	to give
la mauvaise direction	the wrong way
vous allez dépasser la caserne des pompiers	you'll pass the fire station
deux cent mètres	two hundred meters
vous pouvez me montrer sur la carte ?	Can you show me on the map ?
Se perdre	to get lost

Vocabulary Recap 2:

Ils sont anglais	they are english
deux derniers jours	the last two days
ouest	west
habiter	to live
venir souvent/ne pas venir souvent	to come often/ to do not come often
déménager	to move
une autre ville	another city
déranger	to disturb
En train	by train
vouloir	to want
vieux monuments	olds monuments
église	church
plan de la ville	map of the city
devant la gare	in front of the train station
où aller	where to go
l'office de tourisme	the tourism office
il ne sait pas	he doesn't know
Marcher	to walk
louer une voiture	to rent a car
prendre un taxi	to take a taxi
demander la direction	to ask for the direction
comprendre	to understand
excusez-moi, pour aller à l'office de tourisme ?	Excuse me, how do I get to the tourism office ?
Parler	to talk
on peut y aller à pieds ?	Can we walk there ?
Loin	far away
trouver	to find
à coté de	next to
un musée	a museum
beaucoup de petites rues	many little streets
nous nous sommes perdus	we are lost
deux fois	twice
carrefour	crossroad
Arrêter	to stop
nous cherchons le musée	we are looing for the museum
continuez tout droit et après l'église, tournez à gauche	keep straight on and after the church, turn left
c'est loin ?	Is it far ?
Non, c'est à cinq minutes	No, five minutes
c'est indiqué	it's signposted
un panneau	a sign
merci beaucoup	thank you very much

je vous en prie !	you're welcome !
Le centre-ville	the town center
c'est par ici	it's this way
c'est par là	it's that way
au coin de la rue	at the street corner
le rond-point	the roundabout
c'est la bonne direction	it's the right way
ça fait une bonne marche	it's a long way to walk
Dépasser un supermarché	to pass a supermarket
sur la gauche	on the left
sur la droite	on the right
espérer	to hope
s'assoir	to sit
quelle distance ça fait d'ici à... ?	how far is it to … from here?
Je ne sais pas	I don't know
un accent allemand	a german accent
savez-vous où se trouve le bureau de poste ?	Do you know where the post office is ?
Je ne suis pas d'ici	I'm not from around here
l'homme semble vraiment perdu	the man seems really lost
je cherche cette adresse	I'm looking for this address
vous avez une carte ?	Do you have a map ?
Donner	to give
la mauvaise direction	the wrong way
vous allez dépasser la caserne des pompiers	you'll pass the fire station
deux cent mètres	two hundred meters
vous pouvez me montrer sur la carte ?	Can you show me on the map ?
Se perdre	to get lost

Histoire/Story 3 : Une journée dans les transports.

Lucy et Eric **sont anglais** et sont en vacances dans la ville de Rennes, **dans l'ouest de la France**. Ils restent deux jours dans cette ville et visitent les nombreuses **églises**, les **musées** et la cathédrale. Ils se promènent aussi dans un des parcs. Le couple **dort à l'hôtel** et mange dans des restaurants. Lucy **connait** un peu cette ville et elle la trouve toujours très jolie. Son compagnon, lui, est fasciné par l'architecture dans le centre-ville, avec **les vieilles maisons**.

Ils sont anglais	they are English
dans l'ouest de la France	in the west of France
églises	churches
musées	museums
dormir à l'hôtel	to sleep in hostel
connaître	to know
les vieilles maisons	the old houses

Pour **se déplacer**, le couple **marche** beaucoup. Eric et Lucy sont à pieds, mais pour **aller à la gare** et reprendre le train vers Paris, ils décident d'utiliser les transports publics. Prendre le bus **semble être une bonne idée**.

« **Pardon, quel bus pour la gare** ?, demande Lucy à une femme dans la rue.

- Le 10, dit la femme.

- **Où est l'arrêt ?**, demande Lucy.

- **Là-bas, à gauche.**

- **Les bus passent tous les combien ?**

- **Toutes les cinq minutes.**

Merci beaucoup ! », dit Lucy.

La femme est vraiment très gentille de l'aider.

se déplacer	to move
Marcher	to walk
aller à la gare	to go to the train station
ça semble être une bonne idée	it seems to be a good idea
pardon, quel bus pour la gare ?	Excuse me, which bus goes to the train station ?
Où est l'arrêt ?	Where is the bus stop ?
Là-bas, à gauche	there, on the left

les bus passent tous les combien ?	How frequent are the buses ?
Toutes les cinq minutes	every five minutes

Eric et Lucy **achètent** des tickets directement dans le bus. Ils ne savent pas **combien de temps** dure le trajet ni **quand** descendre. La jeune femme **explique** à un autre passager qu'elle va à la gare.

« **Pourriez-vous me dire quand descendre ?**, demanda-t-elle.

- **Désolé, c'est mon arrêt**, dit l'homme. Mais **prenez le métro, c'est plus rapide !** »

Lucy et Eric **réfléchissent.** La gare semble **loin** en bus et ils ne veulent pas rater leur train. Ils descendent donc du bus pour prendre le métro.

Acheter	to buy
combien de temps	how many time
quand	when
expliquer	to explain
pourriez-vous me dire quand descendre ?	Could you tell me when to get off ?
Désolé, c'est mon arrêt.	sorry, this is my stop
Prenez le métro, c'est plus rapide !	take the metro, it's quicker !
réfléchissent.	Think
Loin	far

L'entrée du métro n'est pas loin de la station de bus. Mais le couple **ne sait pas** où elle se trouve exactement.

« S'il-vous-plait, demande Lucy à un monsieur. **Où est la station de métro la plus proche ?** »

L'homme leur donne la direction.

« **Et où est-ce que je peux acheter des tickets de métro ?**, demande Lucy.

- **Là-bas, au distributeur.** »

Lucy et Eric remercient cet homme, mais ils ne savent pas comment marche **le guichet automatique** pour acheter les tickets. Heureusement, dans la station de métro, il y a aussi un guichet avec un homme qui donne des renseignements.

L'entrée	the entrance
ne pas savoir	to do not know
où est la station de métro la plus proche ?	Where is the nearest metro ?
Où est-ce que je peux acheter des tickets de métro ?	Where can I buy metro tickets ?

Là-bas au distributeur	over there, at the tickets machine
le guichet automatique	the ticket machine

« Bonjour, dit Lucy. **C'est quelle ligne pour aller à la gare ?**

- La ligne de métro numéro 3.

- **Est-ce qu'il faut changer ?**

- Non, il n'y a pas de **correspondance** à prendre.

- **Vous avez un plan du métro ?** »

L'homme donne **un plan** à la jeune femme qui achète deux tickets.

C'est quelle ligne pour... ?	which line is it for... ?
Est-ce qu'il faut changer ?	Do I have to change ?
Correspondance	connecting line
vous avez un plan du métro ?	Do you have a map of the metro ?
un plan	a map

A **la sortie** du métro, Eric et Lucy sont en face de la gare. Le couple n'a pas de tickets de train. Eric ne parle pas bien le français et il laisse Lucy les acheter. Ensemble, ils regardent **les horaires** puis la jeune femme va au guichet.

« Bonjour, dit-elle. **Quand part le prochain train pour Paris ?**

- À 17 heures 30. »

Lucy ne **comprend** pas bien la réponse. Elle demande à nouveau.
« Excusez-moi, **le train pour Paris est à quelle heure ?**

- Il part dans une heure, explique la femme au guichet.

- D'accord, merci. **Deux billets pour Paris** alors, s'il-vous-plaît. »

la sortie	the exit
les horaires	the timetable
quand part le prochain train pour Paris ?	When is the next train to Paris ?

Comprendre	to understand
le train pour Paris est à quelle heure ?	When is the train to Paris ?
Deux billets pour...	two tickets to...

« **Aller simple ou aller-retour ?**, demande la femme du guichet.

- Aller simple.
- **Première ou deuxième classe ?**

- Deuxième, **c'est moins cher**. **Est-ce qu'il y a un supplément à payer** pour les bagages ?

- Non, aucun. »

Lucy achète les billets et remercie la femme. Puis elle retrouve Eric sous la grande horloge de la gare, près de **l'accès aux quais.**

Aller simple ou aller-retour ?	Single or return ?
Première ou deuxième classe ?	First or second class ?
C'est moins cher	it's less expensive
est-ce qu'il y a une supplément à payer ?	Is there a supplement to pay ?
L'accès aux quais	to the platforms

« **A quelle heure arrive-t-il** à Paris ?, demande Eric à sa compagne. **Et est-ce qu'il s'arrête à Orléans ?**

Ensemble ils regardent l'heure d'arrivée notée sur les tickets. Ils voient aussi que la ligne ne passe pas par Orléans.

« **Il part de quel quai ?** », demande Lucy.

Eric regarde mais il n'est pas sûr. Le couple va sur le quai numéro 3 et demande au contrôleur si c'est le bon train.

« **C'est le bon quai pour le train de Paris ?** »

Le contrôleur dit que oui et il les aide à trouver une place libre dans le train.

À quelle heure arrive-t-il à... ?	when does it arrive in... ?
Est-ce qu'il s'arrête à... ?	does it stop at... ?
Il part de quel quai ?	Which platform does it leave from ?
C'est le bon quai pour le train de	Is it the right platform for the train to

Paris ?
Paris ?

Le voyage en train jusqu'à Paris se passe bien. C'est **le dernier jour** de vacances en France pour Lucy et Eric. Quand le couple arrive à la gare de Paris c'est pour ensuite **rentrer en Angleterre**. Pour retourner dans leur pays, les deux jeunes gens **prennent l'avion**. Mais il faut encore aller jusqu'à **l'aéroport** !

« **Où est-ce que je peux prendre un taxi ?**, demande Lucy à **un passant**.

- **La station de taxi** est de ce côté », explique l'homme.

Le dernier jour	the last day
rentrer en Angleterre	to come back in England
prendre l'avion	to take the plane
l'aéroport	the airport
où est-ce que je peux prendre un taxi ?	Where can I get a taxi ?
La station de taxi	the taxi rank
Un passant	A passerby

Le couple trouve un taxi facilement. Ils entrent dans la voiture et la jeune femme demande :

« **Combien ça va coûter pour aller à** l'aéroport ? »

Comme elle ne comprend pas bien les tarifs, elle pose de nouveau la question.

« **C'est combien ?** », dit-elle.

Le chauffeur de taxi est très gentil et lui explique **les prix**.

« Pour l'aéroport... **c'est loin ?** », demande Eric à sa compagne.

Lucy ne sait pas, mais elle dit au chauffeur qu'elle **est pressée**.

« **Gardez la monnaie !** », dit-elle au chauffeur en payant la course.

Le couple est arrivé à l'aéroport.

Combien ça va coûter pour aller à... ?	how much is it going to cost to go to... ?
C'est combien ?	How much is it ?
Les prix	the prices

c'est loin ?	Is it far ?
Être pressé	to be in a hurry
gardez la monnaie !	keep the change !

A l'aéroport, Eric et Lucy voient qu'**ils ne sont pas en retard**. Mais l'aéroport est très grand et le couple est encore un peu perdu.

« **Où est l'enregistrement pour** les bagages ?, demande Eric.

- Par là !, lui montre sa compagne.

- Et **quelle est la porte d'embarquement pour le vol à destination de** Londres ? »

La jeune femme ne sait pas et ce n'est pas très clair sur les billets. Heureusement, il y a une femme qui donne des informations au guichet. Elle aide le couple.

« **L'embarquement aura lieu porte** numéro 2, dit la femme. Mais **votre vol a du retard**. **Présentez-vous immédiatement** porte 2 pour en savoir plus. »

Eric et Lucy sont presque contents de savoir que leur vol a du retard. Après une journée dans les transports, ils peuvent un peu **se reposer** !

Ils ne sont pas en retard	they are not late
où est l'enregistrement pour... ?	Where do I check in for... ?
Quelle est la porte d'embarquement pour le vol à destination de... ?	Which is the departure gate for the flight to... ?
L'embarquement aura lieu porte numéro...	boarding will take place at the gate number...
présentez-vous immédiatement porte...	go immediately to gate...
se reposer	to rest

Vocabulary Recap 3:

Ils sont anglais	they are English
dans l'ouest de la France	in the west of France
églises	churches
musées	museums
dormir à l'hôtel	to sleep in hostel
connaître	to know
les vieilles maisons	the old houses
se déplacer	to move
Marcher	to walk
aller à la gare	to go to the train station
ça semble être une bonne idée	it seems to be a good idea
pardon, quel bus pour la gare ?	Excuse me, which bus goes to the train station ?
Où est l'arrêt ?	Where is the bus stop ?
Là-bas, à gauche	there, on the left
les bus passent tous les combien ?	How frequent are the buses ?
Toutes les cinq minutes	every five minutes
Acheter	to buy
combien de temps	how many time
quand	when
expliquer	to explain
pourriez-vous me dire quand descendre ?	Could you tell me when to get off ?
Désolé, c'est mon arrêt.	sorry, this is my stop
Prenez le métro, c'est plus rapide !	take the metro, it's quicker !
réfléchissent.	think
Loin	far/far away
L'entrée	the entrance
ne pas savoir	to do not know
où est la station de métro la plus proche ?	Where is the nearest metro ?
Où est-ce que je peux acheter des tickets de métro ?	Where can I buy metro tickets ?
Là-bas au distributeur	over there, at the tickets machine
le guichet automatique	the ticket machine
C'est quelle ligne pour...	which line is it for... ?
Est-ce qu'il faut changer ?	Do I have to change ?
Correspondance	connecting line
vous avez un plan du métro ?	Do you have a map of the metro ?
un plan	a map
la sortie	the exit
les horaires	the timetable
quand part le prochain train pour Paris ?	When is the next train to Paris ?
Comprendre	to understand

le train pour Paris est à quelle heure ?	When is the train to Paris ?
Deux billets pour...	two tickets to...
Aller simple ou aller-retour ?	Single or return ?
Première ou deuxième classe ?	First or second class ?
C'est moins cher	it's less expensive
est-ce qu'il y a une supplément à payer ?	Is there a supplement to pay ?
L'accès aux quais	to the platforms
À quelle heure arrive-t-il à... ?	when does it arrive in... ?
Est-ce qu'il s'arrête à... ?	does it stop at... ?
Il part de quel quai ?	Which platform does it leave from ?
C'est le bon quai pour le train de Paris ?	Is it the right platform for the train to Paris ?
Le dernier jour	the last day
rentrer en Angleterre	to come back in England
prendre l'avion	to take the plane
l'aéroport	the airport
où est-ce que je peux prendre un taxi ?	Where can I get a taxi ?
La station de taxi	the taxi rank
un passant	a passerby
Combien ça va coûter pour aller à... ?	how much is it going to cost to go to... ?
C'est combien ?	How much is it ?
Les prix	the prices
c'est loin ?	Is it far ?
Être pressé	to be in a hurry
gardez la monnaie !	keep the change !
Ils ne sont pas en retard	they are not late
où est l'enregistrement pour... ?	Where do I check in for... ?
Quelle est la porte d'embarquement pour le vol à destination de... ?	Which is the departure gate for the flight to... ?
L'embarquement aura lieu porte numéro...	boarding will take place at the gate number...
présentez-vous immédiatement porte...	go immediately to gate...
se reposer	to rest

Histoire/Story 4 : Sophie et Marc parlent de l'avenir.

Sophie est une jeune femme de **vingt-trois ans**. Elle est étudiante et vit seule dans un petit appartement en centre-ville, près de l'université. Marc est un jeune homme du **même âge**. Il n'est pas étudiant, mais **il travaille** comme vendeur dans un magasin de **jeux vidéo**. Sophie et Marc sont en couple depuis **trois mois**. Ils sont heureux ensemble, mais **ils veulent parler** de leur avenir.

Vingt-trois ans	23 years old
même âge	same age
il travaille/travailler	he works/to work
jeux vidéo	video games
trois mois	three months
ils veulent parler	they want to talk

« Où est-ce que tu penses être **dans dix ans** ?, demande Marc à la jeune femme.

- **Je ne sais pas**, répond Sophie. **À l'avenir**, j'aimerais avoir une famille.

- Moi aussi, **j'aimerais** me marier et **avoir une famille**. Et, plus tard, **avoir des enfants**.

- **Combien** tu veux d'enfants ?, demande Sophie.

- Au moins deux ! Un garçon et une fille.

- J'aimerais aussi avoir un chien **plus tard** et une belle maison », dit Sophie.

Dans dix ans	in ten years
je ne sais pas	I don't know
à l'avenir	in the future
j'aimerais	I would like
avoir une famille	to have a family
avoir des enfants	to have childrens
combien	how much/how many
plus tard	later

Marc préfère les chats et les poissons, mais pourquoi pas avoir un chien. Les enfants aiment les chiens et **l'animal sera un bon ami** pour la famille.

« Pour la maison, tu penses vivre **où** ?, demande le jeune homme.

- J'aimerais une grande et belle maison, avec un jardin et **habiter dans une grande ville**. Et toi ?

- **Je voudrais habiter au bord de la mer**, dit Marc, **avec vue sur la plage** et l'horizon. Quand on sortira de la maison, **on aura** les pieds dans le **sable** !

- J'aime beaucoup cette idée ! », dit Sophie.

L'animal sera un bon ami	the animal will be a good friend
où	where
habiter dans une grande ville	to live in a big city
je voudrais	I would like
habiter au bord de la mer	to live by the sea
avec vue sur la plage	with view on the beach
on aura	we will have
le sable	sand

« Pour avoir cette maison au bord de la mer, nous allons **économiser notre argent** dès **l'année prochaine**, dit Marc.

- Quand **je vais finir** mes études et que **je vais travailler**, oui, dit Sophie. J'aimerais aussi **voyager** et visiter différents pays. Peut-être même **habiter à l'étranger** !

- Je préfère **vivre ici**, répond le jeune homme. En plus, il y a toute notre famille ici. **Déménager** dans un autre pays sera difficile et pas très **pratique**. »

Sophie **réfléchit à** ces questions. En effet, habiter à l'étranger va poser plusieurs problèmes.

Économiser de l'argent	to save money
l'année prochaine	the next year

je vais finir	I will finish
je vais travailler	I will work
voyager	to travel
habiter à l'étranger	to live abroad
vivre ici	to live here
déménager	to move
pratique	convenient
réfléchir à	to think about

« En parlant de famille, **la semaine prochaine** je vais diner chez mes parents, dans leur maison de campagne. **Il y aura** mes grands-parents, ma sœur et son mari. **Tu devrais venir avec moi** !, dit Sophie à son compagnon.

- **C'est quel jour ?,** demande Marc.

- **Ce sera** le vendredi de la semaine prochaine. Je suis invitée pour 20h00.

- Je pense que je suis libre. En plus, je ne vais pas travailler le lendemain.

- Parfait !, dit Sophie. **J'appellerai** mes parents demain pour leur dire que **nous viendrons** à deux. »

la semaine prochaine	the next week
il y aura	there will be
tu devrais venir avec moi	you should come with me
c'est quel jour ?	What day is it ?
Ce sera	it will be
J'appellerai	I will call
nous viendrons	we will come

Marc se dit qu'**il achètera** un cadeau pour les parents de Sophie ou peut-être des fleurs. Le jeune homme **connait** bien les parents de sa petite-amie et il sait que sa mère **aime** beaucoup les fleurs.

Mais, **pour le moment**, Marc veut encore parler de leur avenir.

« Tu as des projets pour **après tes études** ?, demande-t-il à Sophie.

- **Je veux étudier** encore un an, pour avoir mon diplôme. Ensuite, j'aimerais **faire du volontariat**. **Je veux aider** les personnes **qui sont dans le besoin**.

- Tu penses **chercher un travail** ensuite ?, demande Marc.

- Oui et, plus tard, **travailler à Paris**. »

il achètera	he will buy
connaître	to know
aimer	to like
pour le moment	for the moment
après tes études	after your studies
je veux étudier	I want to study
faire du volontariat	to volunteer
je veux aider	I want to help
sont dans le besoin	who are in need
chercher un travail	to look for a job
travailler à Paris	to work in Paris

Marc est très sportif. Il fait beaucoup de **course à pied** et s'entraîne tous les week-ends pour un marathon. Le marathon est **le mois prochain** et Marc va participer. Il ne pense pas arriver dans les premiers, car **ce sera sa première compétition**, mais le jeune homme **espère** faire un bon temps et ne pas arriver dernier.

Sophie sera là et la jeune femme va l'encourager.

Course à pied	running/jogging
le mois prochain	the next month

ce sera sa première compétition	it will be his first coompetion
espérer	to hope
Sophie sera là	Sophie will be there

« Tu aimerais **gagner de l'argent** ?, demande Sophie.

- Je gagne **déjà** de l'argent avec mon travail, dit Marc.

- Oui, je sais, mais **gagner de l'argent à la loterie**, par exemple.

- Ah ! Oui, bien sûr que j'aimerais **être riche** ! Pas toi ?

- Si, évidemment !, répond Sophie. Si un jour tu gagnes beaucoup d'argent, tu feras quoi avec ?

- Mon rêve, c'est de **nager avec les dauphins**, dit Marc. Et j'aimerais **avoir mon propre cheval**. »

Marc est **un amoureux de la nature** et des animaux. Si un jour il gagne à la loterie, **il donnera de l'argent** à des associations de défenses des animaux.

Gagner de l'argent	to earn/to win money
déjà	already
gagner de l'argent à la loterie	to win money in the lottery
être riche	to be rich
nager avec les dauphins	to swim with dolphins
avoir mon propre cheval	to have my own horse
un amoureux de la nature	a nature lover
il donnera de l'argent	he will give money

« Et toi ?, demande Marc à la jeune femme. **Quel est ton rêve pour l'avenir ?**

- Je rêve de **devenir célèbre**. J'aimerais être une grande musicienne, ou **une chanteuse** !, dit Sophie.
- Mais **tu ne joues pas de musique** et tu ne sais pas chanter ! »

Marc **rigole**. Sa petite-amie est vraiment **une rêveuse**.

« **Tu devrais commencer** des leçons de musique dès maintenant !, lui dit-il.

- **Tu penses que** les rêves se réalisent **à un moment donné** ?, demande Sophie.

- Je pense oui. Mais seulement les rêves qui ne sont pas trop grands.
- Comme quoi par exemple ?

- Comme **me marier** avec toi », dit Marc.

Quel est ton rêve pour l'avenir ?	What is your dream for the future ?
Devenir célèbre	to become famous
une chanteuse	a singer (F)
tu ne joues pas de musique	you don't play music
rigoler	to laugh
une rêveuse	a dreamer (F)
tu devrais commencer	you should begin
tu penses que... ?	Do you think that... ?
À un moment donné	at some point
se marier	to get married

Sophie ne sait pas vraiment quoi **répondre**. La jeune femme aussi veut passer le reste de sa vie avec Marc. Mais **ils ont encore le temps** avant de se marier. Pour le moment, Sophie pense à ce qu'elle va faire demain.

« **Demain matin**, je n'ai pas de cours. **Je vais aller faire les courses** au supermarché. **Tu devrais écrire** les choses à acheter, dit-elle à son compagnon.

- Et moi je termine le travail **plus tôt**. Demain soir, **je vais voir** mon ami Fred qui sort de l'hôpital. Il a la jambe cassée.
- **Tu vas l'appeler avant ?,** demande Sophie.

- Ah oui, c'est une bonne idée. Comme ça **je serai sûr** de ne pas le déranger. »

répondre	to answer
ils ont encore le temps	they still have time
demain matin	tomorrow morning
je vais aller faire les courses	I will go to do shopping

tu devrais écrire	you should write
plus tôt	earlier
je vais voir	I will see
tu devrais l'appeler avant	you should call him before
je serai sûr	I will be sure

Sophie et Marc parlent **depuis une heure**. Sophie est contente de savoir que Marc veut passer sa vie avec elle. Et le jeune homme rigole encore des rêves de **sa petite-amie**. Mais c'est bientôt l'heure de manger.

« **Je vais faire la cuisine**, dit Marc.

- Et moi **je vais faire la vaisselle** et mettre la table, dit Sophie.

- Je pense qu'il n'y a plus de **pain** pour le repas.

- **Je vais regarder**, dit Sophie en ouvrant **le placard**. Oui, **il n'y a plus** de pain. **Je vais à la boulangerie** pour en acheter. **À tout à l'heure !** »

depuis une heure	since one hour
sa petite-amie	his girlfriend
je vais faire la cuisine	I will cook
je vais faire la vaisselle	I will do the dishes
du pain	bread
je vais regarder	I will look
le placard.	Cupboard
il n'y a plus	there is no more
je vais à la boulangerie	I go to the bakery
à tout à l'heure !	see you later !

40

Vocabulary Recap 4:

Vingt-trois ans	23 years old
même âge	same age
il travaille/travailler	he works/to work
jeux vidéo	video games
trois mois	three months
ils veulent parler	they want to talk
Dans dix ans	in ten years
je ne sais pas	I don't know
à l'avenir	in the future
j'aimerais	I would like
avoir une famille	to have a family
avoir des enfants	to have childrens
combien	how much/how many
plus tard	later
L'animal sera un bon ami	the animal will be a good friend
où	where
habiter dans une grande ville	to live in a big city
je voudrais	I would like
habiter au bord de la mer	to live by the sea
avec vue sur la plage	with view on the beach
on aura	we will have
le sable	sand
Économiser de l'argent	to save money
l'année prochaine	the next year
je vais finir	I will finish
je vais travailler	I will work
voyager	to travel
habiter à l'étranger	to live abroad
vivre ici	to live here
déménager	to move
pratique	convenient
réfléchir à	to think about
la semaine prochaine	the next week
il y aura	there will be
tu devrais venir avec moi	you should come with me
c'est quel jour ?	What day is it ?
Ce sera	it will be
J'appellerai	I will call
nous viendrons	we will come
il achètera	he will buy
connaître	to know
aimer	to like
pour le moment	for the moment

après tes études	after your studies
je veux étudier	I want to study
faire du volontariat	to volunteer
je veux aider	I want to help
sont dans le besoin	who are in need
chercher un travail	to look for a job
travailler à Paris	to work in Paris
Course à pied	running/jogging
le mois prochain	the next month
ce sera sa première compétition	it will be his first coompetion
espérer	to hope
Sophie sera là	Sophie will be there
Gagner de l'argent	to earn/to win money
déjà	already
gagner de l'argent à la loterie	to win money in the lottery
être riche	to be rich
nager avec les dauphins	to swim with dolphins
avoir mon propre cheval	to have my own horse
un amoureux de la nature	a nature lover
il donnera de l'argent	he will give money
Quel est ton rêve pour l'avenir ?	What is your dream for the future ?
Devenir célèbre	to become famous
une chanteuse	a singer (F)
tu ne joues pas de musique	you don't play music
rigoler	to laugh
une rêveuse	a dreamer (F)
tu devrais commencer	you should begin
tu penses que... ?	Do you think that... ?
À un moment donné	at some point
se marier	to get married
répondre	to answer
ils ont encore le temps	they still have time
demain matin	tomorrow morning
je vais aller faire les courses	I will go to do shopping
tu devrais écrire	you should write
plus tôt	earlier
je vais voir	I will see
tu devrais l'appeler avant	you should call him before
je serai sûr	I will be sure
depuis une heure	since one hour
sa petite-amie	his girlfriend
je vais faire la cuisine	I will cook
je vais faire la vaisselle	I will do the dishes
du pain	bread
je vais regarder	I will look

le placard.	Cupboard
il n'y a plus	there is no more
je vais à la boulangerie	I go to the bakery
à tout à l'heure !	see you later !

Histoire/Story 5 : Marie prend soin de son corps.

Marie est **secrétaire**. Elle travaille dans **un bureau**. Toute la journée, elle est en contact avec **les clients** de la société pour qui elle travaille. Marie est donc une femme active et elle fait attention à son apparence. En plus, Marie aime beaucoup **prendre soin de son corps**. Elle adore les produits de beauté et elle **achète** toujours les dernières nouveautés. Chez elle, la femme a beaucoup de **parfums**, de **crèmes** et de **maquillages**. Elle aime aussi les **bijoux**, surtout ceux qui brillent, et les beaux **vêtements**.

Secrétaire	secretary
un bureau	an office
les clients	the customers
prendre soin de son corps	take care of her body
parfums	perfumes
crèmes	creams
maquillage	makeup
bijou	jewel
vêtements	clothes

Ce matin, Marie va chez **le coiffeur**. Elle a un rendez-vous à neuf heures et elle ne veut pas **être en retard**, même si le salon de coiffure est tout près de sa maison.

Marie a de **longs cheveux blonds**. Elle demande à la coiffeuse de **couper court**. Marie veut changer de tête, **elle est fatiguée** de ses longs cheveux. La coiffeuse a **les cheveux raides**, jusqu'aux épaules. Elle demande à sa cliente si la longueur lui plaît. Marie **aime** bien, mais elle préfère un petit peu plus court. Elle pense aussi se faire une coloration pour **teindre ses cheveux**. La coiffeuse lui dit que **le blond lui va bien**.

Le coiffeur	the hairdresser
être en retard	to be late
longs cheveux blonds	long blond hair
couper court	to cut short

elle est fatiguée	she is tired
les cheveux raides	straight hair
épaules	shoulders
teindre ses cheveux	to dye her hair
le blond lui va bien	blond suits her well

Après son rendez-vous chez le coiffeur, Marie sort avec **une nouvelle coupe**. Elle est très contente d'avoir les cheveux courts : ça dégage son **front** et met en valeur ses yeux.

Marie **porte des lunettes**. Avant de rentrer chez elle pour manger le repas du midi, la femme va chez l'ophtalmologiste. Elle a aussi rendez-vous car ses lunettes sont un petit peu **vieilles**. Le spécialiste vérifie la vision de la femme et lui écrit **une ordonnance** pour de nouvelles lunettes.

Marie pense que le spécialiste a de très **beaux yeux bleus**. Ils sont **grands et clairs**. La femme a de **petits yeux verts** qui vont bien avec son **visage** fin.

Une nouvelle coupe	a new haircut
front	forehead
porter des lunettes	to wear glasses
vieille	old
une ordonnance	a prescription
beaux yeux bleus	beautiful blue eyes
grands et clairs	large and clear
petits yeux verts	small green eyes
visage	face

Le cabinet de l'ophtalmologiste est tout près du cabinet du dentiste. Marie entre pour prendre rendez-vous car elle a mal aux **dents** depuis plusieurs jours. Elle ne veut pas attendre avant d'**avoir encore plus mal**. Marie **fait très attention** à ses dents et à **sa bouche** : elle **se brosse les dents** trois fois par jour après chaque repas. Elle a les dents vraiment très **blanches** derrière **ses lèvres** roses. Mais Marie se met tous les jours du **rouge à lèvre** très rouge.

Le cabinet	the consultation office
les dents	the teeth
avoir mal	to suffer/ to have a pain
faire attention	to take care
sa bouche	her mouth
se brosser les dents	to brush the teeth
blanc/blanches	white (M/F)
lèvres	lips
rouge à lèvre	lipstick

Au début de l'après-midi, Marie va dans **un salon de beauté**. Elle veut une nouvelle **manucure**. La femme pense qu'elle a de très jolies **mains**, avec des **doigts** fins et de beaux **ongles**. Elle demande du **vernis à ongle** rouge, de la même couleur que son rouge à lèvre.

Comme elle ne travaille pas aujourd'hui, la secrétaire va ensuite faire du shopping. Elle veut de nouvelles **chaussures** ouvertes. Marie aime beaucoup ses **pieds**. Elle pense que ses **orteils** sont mignons et, en plus, elle a des **chevilles** fines. C'est pour cela que la femme **porte** toujours des sandales en été, mais jamais de baskets.

Un salon de beauté	a beauty salon
manucure	manicure
mains	hands
doigts	fingers
ongle	nail
vernis à ongle	nail polish
chaussures	shoes
pieds	feet
orteils	toes
chevilles	ankles
porter	to wear

Après le magasin de chaussures, Marie passe dans **une bijouterie**. Elle regarde **les bagues** pour ses mains et les bracelets pour ses **poignets**. Marie ne porte pas de **boucles-d'oreilles** car elle n'a pas les **oreilles** percées. Cependant, la femme aime beaucoup **les colliers**. Elle pense que les colliers décorent bien **le cou** et sont jolis quand ils retombent sur **la poitrine**. Mais les bijoux qu'elle voit sont un petit peu chers. Marie préfère **garder son argent** pour acheter de nouveaux vêtements. Elle sort de la bijouterie pour aller dans les boutiques de vêtements.

Une bijouterie	a jewelry
une bague	a ring
poignet	wrist
boucles-d'oreilles	earrings
oreilles	ears
les colliers	the necklaces
le cou	the neck
la poitrine	the chest
garder son argent	to keep her money

Dans la boutique, Marie voit **une jupe verte** et une écharpe blanche. Elle pense que **l'écharpe** est parfaite pour **sa gorge**, car la femme est souvent un peu malade. Marie essaye la jupe : elle est un petit peu courte, mais elle **montre** les longues **jambes** de Marie. La secrétaire ne sait pas si elle veut cette jupe ou non. Marie n'aime pas **ses genoux** et elle pense que la jupe est trop courte. La femme regarde alors **une robe**, verte avec un **motif de fleurs**. La robe **cache** ses genoux, ce qui est parfait ! En plus, la robe est ouverte dans **le dos** et Marie pense que c'est très original. Marie met ses mains sur **ses hanches** et se regarde dans le miroir du magasin. Oui, elle adore cette robe !

Dans la boutique	in the shop
une jupe verte	a green skirt
l'écharpe	the scarf
la gorge	the throat
montrer	to show

47

jambes	legs
genou	knee
une robe	a dress
motif de fleurs.	Floral pattern
cacher	to hide
le dos	the back
les hanches	the hips

À la fin de l'après-midi, Marie va à la pharmacie pour **acheter** de la crème. La femme a souvent **la peau** sèche sur **les avants-bras**. Elle a des zones **rouges** et ce n'est pas très beau. Elle achète aussi de la crème pour les mains et des **anti-douleurs** pour sa tête et son **estomac**. Ensuite, Marie entre chez elle avec ses achats.

À la fin de l'après-midi	at the end of the afternoon
acheter	to buy
la peau	the skin
les avants-bras	the forearms
rouge	red
anti-douleurs	pain killers
estomac	stomach

En entrant, la femme se fait mal au **coude** contre la porte. **Ce n'est pas grave**, mais elle aura sans doute **un bleu** le lendemain. Puis elle s'allonge sur **son canapé** car elle ne se sent pas très bien. Marie a **mal à la tête** et mal au **cœur**. Elle a un petit peu envie de **vomir**. Elle pense que c'est quelque chose dans son repas du midi qu'elle ne digère pas. **Elle pense appeler le docteur** si elle se sent encore mal tout à l'heure.

Le coude	the elbow
ce n'est pas grave	it's not serious

un bleu	a bruise
son canapé	her couch
mal à la tête	headache
mal au cœur	queasy
le cœur	the heart
vomir	to be sick
elle pense appeler le docteur	she thinks about calling the doctor

Marie **s'endort** sur son canapé. Quand elle se réveille, il fait **nuit dehors** et elle se sent mieux. Cependant, la femme sent que **son nez** est bouché. Elle pense qu'elle a un **rhume** car elle éternue beaucoup. Puis elle a toujours un peu mal à la tête.

La femme pense **se reposer** encore aujourd'hui et demain. Avant de retourner **dormir**, elle appelle le docteur pour prendre un rendez-vous et son travail pour dire qu'elle sera absente demain.

Il ne fait pas froid dehors, mais **Marie est vite malade**. Heureusement, elle a les antidouleurs achetés à la pharmacie et le médecin n'est pas en vacances !

S'endormir	to fall asleep
nuit dehors	night outside
son nez	her nose
un rhume	a cold
se reposer	to rest
dormir	to sleep
Marie est vite malade	Marie got sick quickly

Vocabulary Recap 5:

Secrétaire	secretary
un bureau	an office
les clients	the customers
prendre soin de son corps	take care of her body
parfums	perfumes
crèmes	creams
maquillage	makeup
bijou	jewel
vêtements	clothes
Le coiffeur	the hairdresser
être en retard	to be late
longs cheveux blonds	long blond hair
couper court	to cut short
elle est fatiguée	she is tired
les cheveux raides	straight hair
épaules	shoulders
teindre ses cheveux	to dye her hair
le blond lui va bien	blond suits her well
Une nouvelle coupe	a new haircut
front	forehead
porter des lunettes	to wear glasses
vieille	old
une ordonnance	a prescription
beaux yeux bleus	beautiful blue eyes
grands et clairs	large and clear
petits yeux verts	small green eyes
visage	face
Le cabinet	the consultation office
les dents	the teeth
avoir mal	to suffer/ to have a pain
faire attention	to take care
sa bouche	her mouth
se brosser les dents	to brush the teeth
blanc/blanches	white (M/F)
lèvres	lips
rouge à lèvre	lipstick
Un salon de beauté	a beauty salon
manucure	manicure
mains	hands
doigts	fingers
ongle	nail
vernis à ongle	nail polish
chaussures	shoes

pieds	feet
orteils	toes
chevilles	ankles
porter	to wear
Une bijouterie	a jewelry
une bague	a ring
poignet	wrist
boucles-d'oreilles	earrings
oreilles	ears
les colliers	the necklaces
le cou	the neck
la poitrine	the chest
garder son argent	to keep her money
Dans la boutique	in the shop
une jupe verte	a green skirt
l'écharpe	the scarf
la gorge	the throat
montrer	to show
jambes	legs
genou	knee
une robe	a dress
motif de fleurs.	Floral pattern
cacher	to hide
le dos	the back
les hanches	the hips
À la fin de l'après-midi	at the end of the afternoon
acheter	to buy
la peau	the skin
les avants-bras	the forearms
rouge	red
anti-douleurs	pain killers
estomac	stomach
Le coude	the elbow
ce n'est pas grave	it's not serious
un bleu	a bruise
son canapé	her couch
mal à la tête	headache
mal au cœur	queasy
le cœur	the heart
vomir	to be sick
elle pense appeler le docteur	she thinks about calling the doctor
S'endormir	to fall asleep
nuit dehors	night outside
son nez	her nose
un rhume	a cold

se reposer	to rest
dormir	to sleep
Marie est vite malade	Marie got sick quickly

Histoire/Story 6 : Et cette fille, tu penses qu'elle est jolie ?

Fred et Maxime **travaillent** dans la même société qui recycle **des vieux ordinateurs**. Ils travaillent **ensemble** depuis trois ans maintenant et ils se connaissent bien. Les deux jeunes hommes sont aussi **amis**. Lors des **pauses café** le matin, vers dix heures, **ils aiment parler** des femmes. Fred est célibataire. Il veut se trouver **une petite-amie**. Maxime est aussi **célibataire** : il vient de rompre avec sa copine mais il ne veut pas tout de suite se remettre en couple.

Travailler	to work
des vieux ordinateurs	old computers
ensemble	together
amis	friends
pause café	coffee break
ils aiment parler de...	they like to talk about...
une petite-amie	a girlfriend
célibataire	single

Il est dix heures et les deux garçons vont dans la salle de repos de l'entreprise pour se prendre un café.

« **Qu'est-ce que tu penses de Jeanne ?**, demande Maxime à son ami.

- La **secrétaire** ? Elle est **gentille**. Pourquoi ?, répond Fred.

- Oui, elle est très **sympa**, mais qu'est-ce que tu penses d'elle **physiquement** ? »

Fred aime bien Jeanne. Il lui dit bonjour tous les matins en arrivant au travail et il trouve la femme très **jolie** avec ses **longs cheveux blonds** et ses **yeux verts**.

« Elle est **mignonne**, dit Fred. Mais elle est un peu **vieille**... »

En effet, la secrétaire est plus âgée que les deux jeunes hommes.

Qu'est-ce que tu penses de Jeanne ?	What do you think about Jeanne ?
Secrétaire	secretary

gentille	kind
sympa	nice
physiquement	physically
jolie	pretty
longs cheveux blonds	long blond hair
yeux verts	green eyes
mignonne	cute
vieille	old

Fred préfère les femmes brunes, de **petite taille**. Le jeune homme est assez **grand**, il est même plus grand que son ami Maxime. Ce n'est donc pas trop difficile de trouver une fille **plus petite que lui.**

« **Tu vois la vendeuse** dans la pharmacie qui est à côté ?, demande Fred.

- Tu parles de la brune avec **les cheveux courts** et le **nez retroussé** ?

- Oui, cette fille. Je pense qu'elle est plus jolie que Jeanne.

- Ce n'est pas mon genre de femme, dit Maxime. Elle a **la peau** trop claire et, en plus, elle a un énorme **grain de beauté** sur **la joue**. »

petite taille	small size
grand	tall
plus petite que lui	smaller than him
tu vois la vendeuse ?	Do you see the saleswoman ?
Les cheveux courts	short hair
nez retroussé	snub nose
la peau	the skin
grain de beauté	mole/beauty spot
la joue	the cheek

« Je crois qu'elle s'appelle Nadine, continue Fred. Moi, je pense qu'elle est **très belle**, même avec son gros grain de beauté. C'est ce qui la rend **charmante**. Je pense **l'inviter à sortir**.

- Aussi longtemps que tu n'invites pas la pharmacienne, madame Gilbert, **tu fais ce que tu veux** !, dit Maxime. »

Le jeune homme **rigole**. Il pense que madame Gilbert est **grosse** et **laide**. Elle **porte trop de maquillage** et ses cheveux sont **affreux**. Quand elle sourit, ses **dents** sont de travers. En plus, cette femme **fume** et elle a **les ongles jaunes** à cause du tabac.

Très belle	very beautiful
charmante	charming
l'inviter à sortir	to ask her out
tu fais ce que tu veux	you do what you want
rigoler	to laugh
grosse	fat
laide	ugly
porter trop de maquillage	to wear too much makeup
affreux	frightful
dents	teeth
fumer	to smoke
les ongles jaunes	the yellow nails

« Mais madame Gilbert est gentille elle aussi !, dit Fred. En plus, **elle a toujours de très bons conseils** sur les médicaments et elle **explique** bien comment prendre les traitements. **Ne la juge pas** uniquement sur son physique ! »

Maxime **arrête** de rigoler. C'est vrai qu'il est un petit peu **méchant** de juger cette femme sur son apparence et sans la connaître.

Elle a toujours de très bons conseils	she always has very good advices
expliquer	to explain
ne la juge pas	don't judge her
arrêter	to stop

méchant	wicked

« Puis tu ne connais pas **ma voisine** de palier, Armande !, continue Fred. Avec ses **cheveux gris** et son **nez crochu, elle ressemble à une sorcière**. En plus, elle a **une verrue** ! Elle vit seule avec ses trois chats et même les enfants du quartier **ont peur** d'elle ! »

Fred rigole à son tour. Il n'est pas très gentil non plus de **se moquer de** sa voisine. C'est pour ça qu'il ajoute :

« Mais elle est adorable aussi. Je peux lui **demander n'importe quel service**, elle est toujours d'accord pour m'**aider.** »

ma voisine	my neighbor
cheveux gris	grey hair
nez crochu	hooked nose
elle ressemble à une sorcière	she looks like a witch
une verrue	a wart
avoir peur	to be afraid
se moquer de	to make fun of
demander n'importe quel service	to as any favor
aider	to help

Fred et Maxime **ont le temps** de prendre un autre café. Sonia arrive alors dans la salle de repos. La jeune femme travaille au service technique de l'entreprise. Elle a **la peau mate** et des **cheveux frisés** coupés très courts. Avec ses **grands yeux marron**, Maxime la trouve très **attirante**.

Sonia fait chauffer de l'eau et se prépare un thé. Elle dit bonjour aux deux garçons et elle repart travailler dans son bureau.

Avoir le temps	to have time
la peau mate	dark skin
cheveux frisés	curly hair
grands yeux marrons	big brown eyes

attirante	attractive

« **J'aime bien Sonia**, dit Maxime. Elle me présente à toutes ses amies.

- Je ne connais que **sa copine** Claire, dit Fred.

- Claire... La brune avec **les lunettes** ?, demande Maxime.

- Non, Claire est **rousse** avec des **cheveux ondulés** et des **tâches de rousseur** sur le visage. Elle reste toujours à l'ombre car sa peau est très **sensible** au soleil. »

j'aime bien Sonia	I like Sonia
sa copine	her friend
les lunettes	glasses
rousse	redhead
cheveux ondulés	wavy hair
tâches de rousseur	freckles
sensible	sensitive

Maxime pense qu'il ne **connait** pas cette jeune femme. Après tout, le garçon ne connait sans doute pas toutes les amies de Sonia.

« Ce n'est pas génial de **rester tout le temps à l'ombre**, surtout en été, dit Maxime. La pauvre Claire, elle ne peut jamais **bronzer** ! »

En effet, avec sa peau sensible, la jeune femme **évite** de se mettre au soleil. Quand elle le fait, elle utilise toujours **une crème solaire** avec un fort indice de protection.

Connaître	to know
rester à l'ombre	to stay in the shadow
bronzer	to tan
éviter	to avoid
une crème solaire	a solar cream

« Bon, dit Fred, je pense inviter la vendeuse de la pharmacie.

- Tu n'es même pas sûr de son prénom !, répond son ami Maxime.
- Ce n'est pas grave et **je suis sûr** qu'elle a un très beau prénom.

- Toi, **tu es un petit peu amoureux** ! », dit Maxime.

Fred **rougit**. C'est vrai qu'il trouve la vendeuse vraiment très attirante.

« Peut-être..., dit Fred un peu **timide**. Mais elle est si charmante avec ses **pommettes** toutes rondes et son adorable **sourire** ! »

je suis sûr	I am sure
tu es un petit peu amoureux	you are a bit in love
rougir	to blush
timide	shy
pommette	cheekbone
une sourire	a smile

Maxime **est content** que la vendeuse **plaise** à son ami. Il espère que Fred va **oser** l'inviter à sortir. Maxime n'est pas le meilleur pour **séduire** une femme, mais il conseille à Fred de **rester naturel** et d'**acheter des fleurs** à la jeune femme pour leur **premier rendez-vous.**

De son côté, Fred est **heureux** de confier ses **sentiments** à Maxime. Le jeune homme est vraiment un très bon ami. Et il **espère** que que la vendeuse acceptera de **le revoir** si le premier rendez-vous se passe bien. C'est que Fred aimerait bien l'**embrasser** !

Être content	to be happy
oser	to dare
séduire	to seduce
rester naturel	to stay natural
acheter des fleurs	to buy flowers
premier rendez-vous	first date
heureux	glad
sentiments	feelings

espérer	to hope
se revoir	to see each other again
embrasser	to kiss

Travailler	to work
des vieux ordinateurs	old computers
ensemble	together
amis	friends
pause café	coffee break
ils aiment parler de...	they like to talk about...
une petite-amie	a girlfriend
célibataire	single
Qu'est-ce que tu penses de Jeanne ?	What do you think about Jeanne ?
Secrétaire	secretary
gentille	kind
sympa	nice
physiquement	physically
jolie	pretty
longs cheveux blonds	long blond hair
yeux verts	green eyes
mignonne	cute
vieille	old
petite taille	small size
grand	tall
plus petite que lui	smaller than him
tu vois la vendeuse ?	Do you see the saleswoman ?
Les cheveux courts	short hair
nez retroussé	snub nose
la peau	the skin
grain de beauté	mole/beauty spot
la joue	the cheek
Très belle	very beautiful
charmante	charming
l'inviter à sortir	to ask her out
tu fais ce que tu veux	you do what you want
rigoler	to laugh
grosse	fat
laide	ugly
porter trop de maquillage	to wear too much makeup
affreux	frightful
dents	teeth
fumer	to smoke
les ongles jaunes	the yellow nails
Elle a toujours de très bons conseils	she always has very good advices
expliquer	to explain
ne la juge pas	don't judge her

arrêter	to stop
méchant	wicked
ma voisine	my neighbor
cheveux gris	grey hair
nez crochu	hooked nose
elle ressemble à une sorcière	she looks like a witch
une verrue	a wart
avoir peur	to be afraid
se moquer de	to make fun of
demander n'importe quel service	to as any favor
aider	to help
Avoir le temps	to have time
la peau mate	dark skin
cheveux frisés	curly hair
grands yeux marrons	big brown eyes
attirante	attractive
j'aime bien Sonia	I like Sonia
sa copine	her friend
les lunettes	glasses
rousse	redhead
cheveux ondulés	wavy hair
tâches de rousseur	freckles
sensible	sensitive
Connaître	to know
rester à l'ombre	to stay in the shadow
bronzer	to tan
éviter	to avoid
une crème solaire	a solar cream
je suis sûr	I am sure
tu es un petit peu amoureux	you are a bit in love
rougir	to blush
timide	shy
pommette	cheekbone
une sourire	a smile
Être content	to be happy
oser	to dare
séduire	to seduce
rester naturel	to stay natural
acheter des fleurs	to buy flowers
premier rendez-vous	first date
heureux	glad
sentiments	feelings
espérer	to hope
se revoir	to see each other again
embrasser	to kiss

Histoire/Story 7 : La visite au zoo.

Anne Durand est une maman très **gentille**. Ce qu'elle aime, c'est faire plaisir à sa fille, Clara, qui a huit ans. Clara est une petite fille très **curieuse** et tout le temps souriante, qui **adore** les animaux. À la maison, elle a **un chat**, **un lapin** et des **poissons** dans un grand aquarium. La petite fille aime **jouer** avec ses compagnons, surtout dans le jardin. C'est une véritable **amoureuse de la nature**.

Mais Clara veut **connaître** tous les animaux. Pour lui **faire plaisir**, sa mère l'emmène passer une après-midi dans le zoo le plus proche de la ville.

Gentille	kind
curieuse	curious
adorer	to adore
un chat	a cat
un lapin	a rabbit
poissons	fishes
jouer	to play
une amoureuse de la nature	a nature lover
connaître	to know
faire plaisir	to please

Le zoo est vraiment très grand, avec beaucoup d'arbres, de verdure et de choses à voir. Les animaux sont bien soignés et bien traités. C'est un parc animalier qui a une très bonne réputation. Il y a un espace pour chaque animal et madame Durand **pense** que c'est très bien comme ça. La femme **déteste** voir les animaux enfermés, **ça lui brise le cœur**. Elle est donc **contente** de voir que les animaux sont dehors, en plein air et sont **en bonne santé**. La maman **ne veut pas** donner à sa fille une mauvaise image des parcs animaliers.

Le zoo est vraiment très grand	the zoo is very big
penser	to think
détester	to hate
ça lui brise le cœur	it breaks her heart

contente	happy
en bonne santé	in good health
elle ne veut pas	she doesn't want

Clara est d'abord **émerveillée** par les éléphants. La petite fille **a envie de** monter sur leurs dos pour faire une promenade. Mais, bien sûr, **c'est interdit**. Il est aussi interdit de nourrir les animaux et de frapper contre **les parois** des cages qui sont en verre. Clara est une petite fille **obéissante** et elle ne s'approche pas trop près des cages. Elle ne veut pas **se faire gronder**, ni par sa maman, ni par les gardiens du zoo.

Émerveillée	amazed
avoir envie de	crave for
c'est interdit	it's forbidden
les parois	the side (of the cage)
obéissante	obedient
se faire gronder	to be scolded

Les bassins des poissons sont **intéressants**, mais Clara **n'aime pas** vraiment cette partie du parc. Elle accepte quand même de la visiter car **elle sait** que sa maman adore les dauphins. Le dauphin n'est pas l'animal **préféré** de la petite fille qui préfère les lions. Mais c'est le chat, l'animal **favori** de Clara.

Devant le bassin des requins, la petite fille **refuse** de regarder. Les soigneurs sont en train de donner à manger à ces gros poissons ct Clara pense que **c'est dégoutant**.

Intéressant	interesting
ne pas aimer	to don't like
elle sait	she knows
le préféré	the favorite
le favori	the favorite
refuser	to refuse

c'est dégoûtant   it's disgusting

La petite fille **demande** ensuite à sa maman d'aller voir **les singes**. Elle pense qu'ils sont amusants et qu'**ils ressemblent** un petit peu aux hommes. Les deux filles **sont attirées** par les bonobos et Clara **aime beaucoup** les gorilles. Elle a envie de jouer avec eux comme elle joue avec **ses amis**. Pour satisfaire sa fille, Anne **achète** une peluche de gorille à la boutique du zoo. Comme ça, Clara **garde** en plus un souvenir de sa visite et de cette bonne journée.

Demander	to ask
les singes	the monkeys
ils ressemblent	they look like
être attiré	to be attracted
aimer beaucoup	to like a lot
ses amis	her friends
acheter	to buy
garder	to keep

Pour aller voir les lions et les tigres, **c'est obligatoire** de passer par les cages des oiseaux et la zone des insectes. Les oiseaux sont **magnifiques** avec des plumes de toutes les couleurs. Madame Durand prend beaucoup de photos car elle a envie de garder un souvenir de ces **merveilleuses** couleurs. Les deux filles **apprécient** beaucoup de voir les perroquets et elles **passent un bon moment** avec ces oiseaux. Elles **essayent** même de **parler** avec eux, mais les perroquets ne sont pas très **bavards**.

C'est obligatoire	it's obligatory
magnifique	gorgeous
merveilleux	wonderful
apprécier	to apreciate/to enjoy
passer un bon moment	to have a good time
essayer	to try
partler	to talk

bavard   chatty/talkative

Vient ensuite la zone des insectes. Clara refuse d'y aller car elle sait qu'il y a des araignées. La petite fille **a très peur** des araignées. La nuit, elle en fait des **cauchemars** : elle se réveille en sueur et vient ensuite **réveiller** sa maman pour être rassurée. Madame Durand pense que c'est une véritable **phobie**. Mais elle essaie de **rassurer** sa fille : dans le zoo, les araignées sont derrière des vitres bien épaisses. Et Clara peut **fermer les yeux** pour passer devant si elle veut.

Avoir peur	to be scared/to fear
cauchemars	nightmares
réveiller	to wake up
une phobie	a phobia
rassurer	to reassure
fermer les yeux	to close the eyes

Madame Durand n'a pas peur des **araignées**. Les insectes ne lui font rien du tout. Par contre, la femme **déteste** les serpents. C'est même de **la haine** qu'elle a pour ces animaux. Heureusement, il n'est pas obligatoire de visiter la zone des **serpents**. En plus, cette zone se trouve de l'autre côté du parc et les deux filles **vont** maintenant près de l'espace des lions.

Araignées	spiders
détester	to hate/to detest
la haine	hatred
serpents	snakes
elles vont /aller	they go/to go

Anne Durand n'est pas une grande fan des lions, mais **sa fille est totalement folle** de ces animaux. Clara collectionne les photos de lions, de tigres et de panthères. Elle les met sur **les murs de sa chambre**, au-dessus de son lit, pour décorer. Pour Anne, tous ces animaux se ressemblent un petit peu. **Ils sont tous les mêmes** pour elle. Mais comme la femme **est friande** de belles images et que les lions sont dans un bel espace naturel, elle en profite pour **prendre** beaucoup de photos avec son appareil.

Elle n'est pas une grande fan	she is not a big fan
elle est folle de	she is mad about
les murs de sa chambre	the walls of her bedroom
ils sont tous les mêmes	they are all the same
être friand de	to be fond of
prendre	to take

À **l'heure du goûter**, Madame Durand et sa fille se rendent à la cafétéria du zoo. Là, la maman achète **une glace** à sa fille. Elle en prend une au chocolat car elle sait que c'est **le parfum favori** de Clara. La petite fille **a le droit** de manger sa glace dans le parc, mais seulement si elle jette ensuite le papier à la poubelle. Anne **exècre** les personnes qui ne respectent pas l'environnement et jettent leurs **ordures** n'importe où. Mais ce parc est très **propre** ; les visiteurs font attention.

l'heure du goûter	snack time
Une glace	an ice cream
le parfum favori	the favorite perfume
avoir le droit de	to be allowed to
elle exècre	she loathes
ordure	garbage
propre	clean

Pour finir la journée, Clara et sa maman vont voir **les ours**. La petite fille **est folle des gros animaux**. Madame Durand, elle, **aime** vraiment regarder les bébés. Elle pense qu'ils sont très mignons et tellement petits !

Un touriste demande gentiment à Madame Durand de le prendre en photo devant la cage des ours. Anne accepte : **cela ne la dérange pas** de rendre service à ce touriste. L'homme repart en la remerciant et avec **un grand sourire**. Madame Durand est contente de **rendre service**, mais **elle ne supporte pas** les personnes qui ne disent pas merci ni au revoir. Heureusement, ce touriste est vraiment **poli**.

Clara aussi connaît les bonnes manières et à la fin de la journée la petite fille fait un gros bisou à sa maman pour la **remercier** !

Les ours	the bears
elle est folle des gros animaux	she is crazy about huge animals
aimer	to like/to love
cela ne la dérange pas	she doesn't mind
un grand sourire	a large smile
rendre service	to do a favor
elle ne supporte pas	she can't bear
être poli	be polite
remercier	to thank

Vocabulary Recap 7:

Gentille	kind
curieuse	curious
adorer	to adore
un chat	a cat
un lapin	a rabbit
poissons	fishes
jouer	to play
une amoureuse de la nature	a nature lover
connaître	to know
faire plaisir	to please
Le zoo est vraiment très grand	the zoo is very big
penser	to think
détester	to hate
ça lui brise le cœur	it breaks her heart
contente	happy
en bonne santé	in good health
elle ne veut pas	she doesn't want
Émerveillée	amazed
avoir envie de	crave for
c'est interdit	it's forbidden
les parois	the side (of the cage)
obéissante	obedient
se faire gronder	to be scolded
Intéressant	interesting
ne pas aimer	to don't like
elle sait	she knows
le préféré	the favorite
le favori	the favorite
refuser	to refuse
c'est dégoûtant	it's disgusting
Demander	to ask
les singes	the monkeys
ils ressemblent	they look like
être attiré	to be attracted
aimer beaucoup	to like a lot
ses amis	her friends
acheter	to buy
garder	to keep
C'est obligatoire	it's obligatory
magnifique	gorgeous
merveilleux	wonderful
apprécier	to apreciate/to enjoy
passer un bon moment	to have a good time

essayer	to try
partler	to talk
bavard	chatty/talkative
Avoir peur	to be scared/to fear
cauchemars	nightmares
réveiller	to wake up
une phobie	a phobia
rassurer	to reassure
fermer les yeux	to close the eyes
Araignées	spiders
détester	to hate/to detest
la haine	hatred
serpents	snakes
elles vont /aller	they go/to go
Elle n'est pas une grande fan	she is not a big fan
elle est folle de	she is mad about
les murs de sa chambre	the walls of her bedroom
ils sont tous les mêmes	they are all the same
être friand de	to be fond of
prendre	to take
l'heure du goûter	snack time
Une glace	an ice cream
le parfum favori	the favorite perfume
avoir le droit de	to be allowed to
elle exècre	she loathes
ordure	garbage
propre	clean
Les ours	the bears
elle est folle des gros animaux	she is crazy about huge animals
aimer	to like/to love
cela ne la dérange pas	she doesn't mind
un grand sourire	a large smile
rendre service	to do a favor
elle ne supporte pas	she can't bear
être poli	be polite
remercier	to thank

Histoire/Story 8 : Salut ! Comment tu vas ?

Jean sort du travail. L'homme est employé dans **un bureau qui vend** des services sur internet. Il travaille jusqu'à dix-neuf heures le soir. Quand il **sort** du bureau, Jean va à **la boulangerie** pour acheter du pain, puis **il prend le métro** pour rentrer chez lui. L'homme vit avec sa femme dans un appartement dans **la banlieue**. Il est très content de sa vie et de sa routine quotidienne. Il a ses petites habitudes et il pense que c'est très bien **comme ça**.

Un bureau qui vend...	an office that sells...
sortir	to go out
la boulangerie	the bakery
il prend le métro	he takes the metro
la banlieue	the suburbs
comme ça	like that

Mais **aujourd'hui**, la routine est un petit peu différente. Quand il sort de la boulangerie avec sa baguette de pain, Jean voit quelqu'un qu'il **connait** plus loin **dans la rue**. **Il n'est pas sûr**, mais il pense que c'est un de ses vieux **amis** d'école : Michel.

Jean et Michel étaient **ensemble** à l'université. Ils ne se sont pas vus depuis **plusieurs années**. Pour être vraiment sûr que c'est bien son ami, Jean **va** vers l'homme.

Aujourd'hui	today
du pain	bread
connaître	to know
dans la rue	in the street
il n'est pas sûr	he is not sure
ami	friend
ensemble	together
plusieurs années	several years
il va/aller	he goes/to go

« **Excusez-moi !** », dit Jean.

L'homme **est de dos**. Quand il entend que Jean lui parle, il se retourne. Quelle surprise : c'est bien Michel !

« Oh, Jean ! **Bonjour !**, dit Michel. Quel plaisir de **te revoir** !

- **Salut !**, répond Jean. Oui, c'est une bonne surprise. Ça fait si longtemps ! **Comment vas-tu ?**

- **Je vais bien, et toi ?**

- **Ça va pas trop mal !** Je suis juste un petit peu **fatigué**... C'est vraiment le hasard de **se rencontrer** dans la rue. Je passe par ici **tous les soirs** pour rentrer chez moi !»

excusez-moi	excuse me
est de dos	we can only see his back
bonjour !	Hello!
Te revoir	to see you again
salut !	Hi!
Comment vas-tu ?	How are you? (informal)
je vais bien	I'm fine
et toi ?	I'm fine, and you?
Ça va pas trop mal	It's not too bad
fatigué	tired
se rencontrer	to meet
tous les soirs	every evening

« Alors, **quoi de neuf ?**, demande Michel à Jean. **Est-ce que tu es marié ?**

- Oui, je suis marié **depuis trois ans**, répond Jean.

- Oh, **félicitations !** Quel est le prénom de ta femme ?

- **Elle s'appelle** Jasmine, dit Jean. **C'est son anniversaire dans deux jours.**

- **Bon anniversaire à elle !**, dit Michel.

- Et toi, tu es toujours **célibataire** ?

- Oui, malheureusement. Je **romps** avec toutes les filles que je rencontre. Je pense que je n'ai pas de chance !, dit Michel.

- Oh, **je suis désolé**, dit Jean. **J'espère** que tu vas trouver une nouvelle petite-amie **bientôt**. »

quoi de neuf ?	What's up?
Est-ce que tu es marié ?	Are you married?
Depuis trois ans	since three years
félicitations !	congratulations!
Elle s'appelle...	her name is...
c'est son anniversaire dans deux jours	it's her birthday in two days
bon anniversaire à elle !	Happy birthday to her!
Célibataire	single
rompre	to break up (with someone)
je suis désolé	I am sorry
j'espère	I hope
bientôt	soon

Jean est un petit peu **triste** d'apprendre que son vieil ami n'a **personne** dans sa vie. Lui-même est très **heureux** en couple et **il souhaite** la même chose à Michel.

« Et ta famille, comment elle va ?, demande-t-il ensuite à son ami. **Tu as une sœur, n'est-ce pas ?**

- Oui, c'est bien ça, j'ai une sœur, répond Michel.

- **Quel âge a-t-elle** maintenant ?, demande Jean.

- Elle a trente ans. Elle a cinq ans de moins que moi.

- **Et tes parents, ça va ?**

- **Mon père est mort l'année dernière...**

- Oh, je ne savais pas, dit Jean. **Toutes mes condoléances.**

- **Merci.** Ma mère est toujours très triste et **elle se sent seule.** Je vais la voir toutes les semaines pour prendre de ses nouvelles. »

triste	sad
personne	nobody
heureux	glad
souhaiter	to wish
tu as une sœur	You have a sister
n'est-ce pas ?	isn't it?
Quel âge a t-elle ?	How old is she?
Et tes parents	How are your parents? (informal)
mon père est mort l'année dernière	my father died last year
toutes mes condoléances	my condolences
merci	thank you
elle se sent seule	she feels alone

Jean et Michel parlent dans la rue. **Soudain**, une femme s'arrête à leur côté. La femme semble très **pressée.**

« Excusez-moi, dit-elle. **Quelle heure est-il, s'il-vous-plait ?** »

Jean regarde sa **montre.**

« Il est dix-neuf heures trente, répond-il à la femme.

- **Merci beaucoup** !, dit-elle. Je n'ai pas de montre et mon **téléphone portable** est à la maison.

- **Je vous en prie**, dit Jean.
- Au revoir, **merci encore !** », dit la femme avant de partir.

Soudain	suddenly
être pressé	to be in a hurry
quelle heure est-il, s'il-vous-plait ?	What time is it, please?
Une montre	a watch

merci beaucoup !	thank you very much!
Téléphone portable	mobile phone
je vous en prie	you're welcome
merci encore	thanks again

« **Tu as** une cigarette ?, demande Michel à Jean.

- Non, désolé, **je n'en ai pas.** Je ne **fume** plus depuis six mois maintenant.
- Vraiment ? Quel courage !

- C'est parce que ma femme est **enceinte**. Nous attendons un enfant !

- Oh ! Toutes mes félicitations mon ami ! **C'est un garçon ou une fille ?**
- **On ne sait pas encore.** On veut garder la surprise.

- **C'est une très bonne nouvelle** en tous cas, je suis content pour toi ! »

tu as... ?	Do you have... ?
Je n'en ai pas	I haven't
fumer	to smoke
enceinte	pregnant
c'est un garçon ou une fille ?	Is it a boy or a girl ?
On ne sait pas encore	we don't know yet
c'est une très bonne nouvelle	it's very good news

Jean et Michel parlent encore un peu de **l'accouchement.** C'est **le premier enfant** de Jean et le futur papa est très excité ! Mais il est tout aussi heureux de revoir son vieil ami.

« **Tu es libre demain soir ?**, demande-t-il à Michel.

- Demain soir, non, navré. **Je vais voir un film** avec une amie ; voir le film d'action dont tout le monde parle.

- **Et la semaine prochaine ?** Disons, vendredi soir ?

- **Vendredi soir... Attends** une minute, je regarde...»

l'accouchement	childbirth
le premier enfant	the first child
tu es libre demain soir ?	Are you free tomorrow night?
Je vais voir un film	I went to see a movie
et la semaine prochaine ?	And what about the next week?
Vendredi soir	Friday evening
attendre	to wait

Michel sort son agenda et regarde si il est libre à cette date.

« **Oui**, je suis libre le vendredi, répond-t-il à Jean.

- **Super !** Huit heures trente à la maison **pour dîner** alors ! Jasmine est toujours contente de recevoir des amis ! »

Jean et Michel **se mettent d'accord** pour ce futur dîner et Jean **donne** son adresse à Michel. Comme l'heure avance, il est temps pour l'homme de **rentrer chez lui.**

« Je te laisse, dit Jean à son ami. **Bonne soirée** et à vendredi !

- **Au revoir**, répond Michel. Bonne fin de journée et **à bientôt !** »

oui	yes
super !	Great!
Pour dîner	for dinner
se mettre d'accord	to agree
donner	to give
rentrer chez soi	to go home
bonne soirée	good evening!
Au revoir	goodbye!
À bientôt !	See you later!

Le vendredi de **la semaine suivante**, Michel arrive au domicile de son ami. **Il a des fleurs** pour Jasmine et **une bouteille de vin rouge** pour Jean. Il **sonne à la porte** et c'est la femme de Jean qui ouvre.

« **Bonsoir,** dit Jasmine. **Entrez !**

- Bonsoir, merci, répond Michel. **Ravi de vous rencontrer.**

- Ravie aussi !, dit Jasmine. Je suis toujours contente de connaître les vieux amis de **mon mari** !

- Et moi de connaître **leurs femmes** ! »

Michel **rigole** et donne les fleurs à Jasmine qui le **remercie**. Jean vient saluer son ami. Une chose est sûre, la soirée **commence** bien !

La semaine suivante	the week after
il a des fleurs	he has flowers
une bouteille de vin rouge	a bottle of red wine
sonner à la porte	to ring at the door
bonsoir !	good evening!
Ravi de vous rencontrer	nice to meet you!
Mon mari	my husband
leurs femmes	their wives
rigoler	to laugh
remercier	to thank
commencer	to begin

Vocabulary Recap 8:

Un bureau qui vend...	an office that sells...
sortir	to go out
la boulangerie	the bakery
il prend le métro	he takes the metro
la banlieue	the suburbs
comme ça	like that
Aujourd'hui	today
du pain	bread
connaître	to know
dans la rue	in the street
il n'est pas sûr	he is not sure
ami	friend
ensemble	together
plusieurs années	several years
il va/aller	he goes/to go
excusez-moi	excuse me
est de dos	we can only see his back
bonjour !	Hello!
Te revoir	to see you again
salut !	Hi!
Comment vas-tu ?	How are you? (informal)
je vais bien	I'm fine
et toi ?	I'm fine, and you?
Ça va pas trop mal	It's not too bad
fatigué	tired
se rencontrer	to meet
tous les soirs	every evening
quoi de neuf ?	What's up?
Est-ce que tu es marié ?	Are you married?
Depuis trois ans	since three years
félicitations !	congratulations!
Elle s'appelle...	her name is...
c'est son anniversaire dans deux jours	it's her birthday in two days
bon anniversaire à elle !	Happy birthday to her!
Célibataire	single
rompre	to break up (with someone)
je suis désolé	I am sorry
j'espère	I hope
bientôt	soon
triste	sad
personne	nobody
heureux	glad
souhaiter	to wish

tu as une sœur	You have a sister
n'est-ce pas ?	isn't it?
Quel âge a t-elle ?	How old is she?
Et tes parents	How are your parents? (informal)
mon père est mort l'année dernière	my father died last year
toutes mes condoléances	my condolences
merci	thank you
elle se sent seule	she feels alone
Soudain	suddenly
être pressé	to be in a hurry
quelle heure est-il, s'il-vous-plait ?	What time is it, please?
Une montre	a watch
merci beaucoup !	thank you very much!
Téléphone portable	mobile phone
je vous en prie	you're welcome
merci encore	thanks again
tu as... ?	Do you have... ?
Je n'en ai pas	I haven't
fumer	to smoke
enceinte	pregnant
c'est un garçon ou une fille ?	Is it a boy or a girl ?
On ne sait pas encore	we don't know yet
c'est une très bonne nouvelle	it's very good news
l'accouchement	childbirth
le premier enfant	the first child
tu es libre demain soir ?	Are you free tomorrow night?
Je vais voir un film	I went to see a movie
et la semaine prochaine ?	And what about the next week?
Vendredi soir	Friday evening
attendre	to wait
oui	yes
super !	Great!
Pour dîner	for dinner
se mettre d'accord	to agree
donner	to give
rentrer chez soi	to go home
bonne soirée	good evening!
Au revoir	goodbye!
À bientôt !	See you later!
La semaine suivante	the week after
il a des fleurs	he has flowers
une bouteille de vin rouge	a bottle of red wine
sonner à la porte	to ring at the door
bonsoir !	good evening!
Ravi de vous rencontrer	nice to meet you!

Mon mari	my husband
leurs femmes	their wives
rigoler	to laugh
remercier	to thank
commencer	to begin

Histoire/Story 9 : La banque.

Eric Robertson est **un étudiant anglais**. Il vient d'arriver à Paris pour ses études. Il étudie l'histoire et il reste dans la capitale française **pendant une année**. Eric est très heureux de vivre à Paris : la ville est magnifique et il y a **beaucoup de choses à voir** et à visiter ! C'est une ville très vivante et **le jeune homme a déjà des amis**. Il est ami avec ses voisins et il connait une fille qui est dans sa classe à l'université. Eric est très sociable, **débrouillard** et il n'est pas **timide** quand il faut parler aux autres.

Un étudiant anglais	an english student
pendant une année	during a year
beaucoup de choses à voir	many things to see
le jeune homme a déjà des amis	the young man already has friends
débrouillard	resourceful
timide	shy

Aujourd'hui, Eric va à **la banque**. Il veut **ouvrir** un compte courant, **changer de l'argent** et savoir comment la banque française fonctionne. Comme il reste un an à Paris, c'est plus pratique d'avoir de l'argent français et **un compte courant** ici. C'est la première fois que le jeune homme va à la banque et en réalité **il ne sait même pas où** elle se trouve.

« Excusez-moi, demande Eric à un passant. **Où est la banque la plus proche ?** »

L'homme lui explique que la banque est dans la rue à droite après le carrefour. Eric met **dix minutes en marchant**.

La banque	the bank
ouvrir	to open
changer de l'argent	to change money
un compte courant	a current account
il ne sait même pas où	he doesn't even know where
où est la banque la plus proche ?	Where is the nearest bank ?
Dix minutes en marchant	ten minutes by walking

La banque est dans un beau bâtiment de pierres blanches, **facile à trouver**. À l'intérieur, c'est grand et aujourd'hui **il n'y a pas beaucoup de monde**. Eric est tranquille pour **poser des questions**.

« Bonjour, dit Eric au guichet. **Pouvez-vous me changer ceci ?** »

Eric montre **des billets anglais**. La femme du guichet les prend et répond que oui, c'est possible de les changer ici contre des euros. Par chance pour Eric, la banque fait aussi **bureau de change**.

Facile à trouver	easy to find
il n'y a pas beaucoup de monde	there are not many people
poser des questions	to ask questions
pouvez-vous me changer ceci ?	can you change this for me ?
des billets anglais	english bills
bureau de change	foreign exchange office

« **Quel est le cours du change ?** », demande Eric à la femme du guichet.

La femme regarde et elle lui donne aussi une brochure d'informations sur **les taux de change**.

« **Puis-je avoir vingt livres en euros ?**, demande le jeune homme.
- **Bien sûr**, répond la femme. Je vous change tous vos billets.

- **Ne me donnez pas de gros billets**, s'il-vous-plaît », dit Eric.

Eric n'aime pas avoir beaucoup d'argent dans ses poches. Il a toujours un petit peu peur de se faire voler.

« **Puis-je avoir de la petite monnaie**, s'il-vous-plaît ? », demande l'étudiant.

Quel est le cours du change ?	What is the exchange rate ?
Puis-je avoir vingt livres en euros ?	May I have tweenty pound sterling in euros ?
Bien sûr	of course
ne me donnez pas de gros billets	don't give me large bills
puis-je avoir de la petite monnaie ?	May I have some change ?

Le jeune homme a besoin de transférer de l'argent.

« Je voudrais **faire un virement**.

- Très bien, monsieur, dit la femme. **Quel est votre nom ?** C'est pour que je cherche votre compte dans notre base de données. »

Eric **explique** qu'il n'a pas encore de compte courant dans cette banque. La femme est très gentille et elle lui note tous les documents **dont il a besoin** pour ouvrir un compte.

Chèques de voyage	travellers cheque
je voudrais	I'd like
faire un virement	arrange a transfert
quel est votre nom ?	What is your name ?
Expliquer	to explain
dont il a besoin	that he needs

Eric la remercie. **Il va revenir plus tard** avec les bons papiers pour ouvrir son compte. Mais en attendant **il veut** d'autres renseignements sur la banque. Le jeune homme veut savoir si il peut avoir **une carte de débit** avec son compte courant. La femme lui explique que oui, c'est possible et qu'il peut aussi avoir **une carte de crédit** en même temps. Eric pense que c'est une bonne nouvelle : **c'est toujours pratique** d'avoir une carte de crédit pour payer.

« **Quel est le tarif** pour cette carte ?, demande le jeune homme.

- **C'est gratuit la première année** pour les étudiants », répond la femme.

C'est une autre bonne nouvelle pour Eric !

Il va revenir plus tard	he will come back later
il veut	he wants
une carte de débit	a debit cards
une carte de crédit	a credit cards
c'est toujours pratique	it's always convenient
quel est le tarif pour.. ?	What's the charge for... ?
C'est gratuit la première année	it's free the first year

« Comment ça se passe si je veux **encaisser un chèque ?** », demande Eric.

Le jeune homme ne reçoit pas beaucoup de chèques, mais c'est toujours bien de savoir comment faire si un jour il en reçoit un.

La femme de la banque lui explique qu'il y a **un papier à remplir** pour déposer le chèque. Ensuite, le traitement de la demande est assez **rapide**.

« Et pour **retirer de l'argent** ? », demande le jeune homme.

La femme lui dit qu'il peut venir demander au guichet, mais parfois il y a d'autres personnes et il faut **attendre**. Autrement, il y a le guichet automatique.

Encaisser un chèque	to cash a cheque
un papier à remplir	a paper to fill
rapide	fast
retirer de l'argent	to withdraw money
attendre	to wait

« **Où est le guichet automatique ?,** demande Eric.

- Il est **dehors,** à l'extérieur de la banque. »

La femme explique aussi que le garçon peut retirer de l'argent à n'importe quel guichet automatique avec sa carte de crédit. C'est très pratique, car on peut avoir de l'argent **même si la banque est fermée.**

« **A quelle heure ouvre la banque ?** », demande l'étudiant.

La femme lui note les horaires d'ouverture et de fermeture sur un papier.
Eric la remercie. Toutes ces explications sont très utiles pour le jeune homme ! Il rentre chez lui et **cherche** les bons documents pour ouvrir un compte courant et **avoir** une carte de crédit.

Où est le guichet automatique ?	Where is the ATM ?
Dehors	outside
même si la banque est fermée	even if the bank is closed
à quelle heure ouvre la banque ?	What time does the bank open ?
Chercher	to search

avoir   to have

Quelques jours plus tard, Eric **utilise** pour la première fois sa carte de crédit. Il est dans un restaurant avec une amie et c'est le moment de **payer l'addition.**

« Je suis désolé, **je n'ai pas de monnaie. Vous acceptez les cartes de crédit ?**, demande le jeune homme.

- Bien sûr, monsieur, répond le serveur.

- **Où doit-on payer ?,** dit Eric.

- À **la caisse,** lui dit le serveur.

- **Le service est compris ?**

- Oui, monsieur. Votre amie paye son repas à part?, demande le serveur.

- Non, **mettez-le sur ma note** », dit Eric.

Le restaurant est très bon et l'amie d'Eric très contente de ce repas. En plus, Eric l'invite ! Et le jeune homme, lui, est content de **dépenser son argent** pour une aussi bonne amie !

Quelques jours plus tard	few days later
utiliser	to use
payer l'addition	to pay the bill (restaurant)
je n'ai pas de monnaie	I have no change
vous acceptez les cartes de crédits ?	Do you take credit cards ?
Où doit-on payer ?	Where do I pay ?
la caisse	the desk
le service est compris ?	Is service included ?
Mettez-le sur ma note	put it on my bill
dépenser son argent	to spend money

Vocabulary recap 9:

Un étudiant anglais	an english student
pendant une année	during a year
beaucoup de choses à voir	many things to see
le jeune homme a déjà des amis	the young man already has friends
débrouillard	resourceful
timide	shy
La banque	the bank
ouvrir	to open
changer de l'argent	to change money
un compte courant	a current account
il ne sait même pas où	he doesn't even know where
où est la banque la plus proche ?	Where is the nearest bank ?
Dix minutes en marchant	ten minutes by walking
Facile à trouver	easy to find
il n'y a pas beaucoup de monde	there are not many people
poser des questions	to ask questions
pouvez-vous me changer ceci ?	can you change this for me ?
des billets anglais	english bills
bureau de change	foreign exchange office
Quel est le cours du change ?	What is the exchange rate ?
Puis-je avoir vingt livres en euros ?	May I have tweenty pound sterling in euros ?
Bien sûr	of course
ne me donnez pas de gros billets	don't give me large bills
puis-je avoir de la petite monnaie ?	May I have some change ?
Chèques de voyage	travellers cheque
je voudrais	I'd like
faire un virement	arrange a transfert
quel est votre nom ?	What is your name ?
Expliquer	to explain
dont il a besoin	that he needs
Il va revenir plus tard	he will come back later
il veut	he wants
une carte de débit	a debit cards
une carte de crédit	a credit cards
c'est toujours pratique	it's always convenient
quel est le tarif pour.. ?	What's the charge for... ?
C'est gratuit la première année	it's free the first year
Encaisser un chèque	to cash a cheque
un papier à remplir	a paper to fill
rapide	fast
retirer de l'argent	to withdraw money
attendre	to wait

Où est le guichet automatique ?	Where is the ATM ?
Dehors	outside
même si la banque est fermée	even if the bank is closed
à quelle heure ouvre la banque ?	What time does the bank open ?
Chercher	to search
avoir	to have
Quelques jours plus tard	few days later
utiliser	to use
payer l'addition	to pay the bill (restaurant)
je n'ai pas de monnaie	I have no change
vous acceptez les cartes de crédits ?	Do you take credit cards ?
Où doit-on payer ?	Where do I pay ?
la caisse	the desk
le service est compris ?	Is service included ?
Mettez-le sur ma note	put it on my bill
dépenser son argent	to spend money

Histoire/Story 10 : Préparer le menu de la cafétéria.

Marie et Jeanne **travaillent** toutes les deux ensemble dans la cafétéria d'une grande entreprise. La majorité des employés **mangent** sur place car **ils n'ont pas le temps de rentrer chez eux**. Le midi, les deux femmes préparent et servent **les repas**. C'est un travail un petit peu **fatiguant** car il y a beaucoup de choses à préparer en assez peu de temps. Mais **les deux femmes** aiment leur travail. Puis elles ne font pas **la vaisselle** ensuite, ni le ménage dans la salle : ce sont des collègues qui **s'occupent** de ces tâches.

Elles travaillent/travailler	they work/to work
ils mangent/manger	they eat/to eat
ils n'ont pas le temps de rentrer chez eux	they don't have time to go home
les repas	the meals
fatiguant	tiresome
les deux femmes	the two women
faire la vaisselle	to do the dishes
s'occupent	take care

Le patron de l'entreprise, monsieur Dupont, **demande** à Marie et à Jeanne de proposer des **nouveaux plats** pour la cantine. **Il veut un peu de changement**. En plus, c'est un homme **gourmand** et il aime que ses employés mangent bien. Les deux femmes sont **contentes** d'avoir la confiance de leur patron pour les repas. Mais la demande est un petit peu plus complexe que prévu : Marie et Jeanne doivent trouver de nouveaux plats pour tout **un mois complet** ! D'habitude, les deux femmes font le menu à l'avance pour seulement **une semaine**...

demander	to ask
nouveaux plats	new meals
il veut un peu de changement	he wants a little change
gourmand	gourmet
contentes	happy
un mois complet	a complete month
une semaine	a week

Marie apporte **un livre de recettes** de sa maison. Elle pense qu'il peut servir pour **trouver des idées**. Jeanne ouvre le livre et regarde le sommaire. Les recettes sont classées par **ordre alphabétique**.

« Tu prends des notes ? », demande Jeanne à son amie Marie.

Marie a **un stylo** et du papier pour écrire toutes leurs idées. Les deux femmes commencent par regarder **les viandes** et Marie note déjà des **aiguillettes de bœuf**.

Un livre de recettes	a recipe book
trouver des idées	to find ideas

ordre alphabétique	alphabetical order
un stylo	a pen
les viandes	the meats
Aiguillettes de bœuf	slices of rump steak

Marie adore le bœuf. Elle propose de noter du **bœuf bourguignon**.

« Je ne sais pas si le patron **est d'accord** pour un plat avec du **vin** », dit Jeanne.

L'alcool n'est pas **autorisé** dans l'entreprise. Jeanne propose **un bœuf mironton** à la place. Comme autres viandes, Marie note du **poulet frit** et du **gigot**.

« Note aussi du porc et du **rosbif**, dit Jeanne.

- Et pour les personnes qui ne mangent pas de **porc** ?, demande Marie.
- Oui, c'est vrai, tu as raison... Mets du **bifteck** alors, et note quand même des **saucisses** car c'est plus simple de proposer les deux pour choisir.

- J'écris aussi du boudin. Du **boudin noir** et du **boudin blanc**, dit Marie.

- Bonne idée !»

bœuf bourguignon	beef cooked with red wine
être d'accord	to be agree
vin	wine
autoriser	to allow
boeuf mironton	boiled beef with onions
poulet frit	fried chicken
gigot	lamb
rosbif	roast beef
porc	pork
bifteck	steack
saucisses	sausages
boudin noir/boudin blanc	black/white pudding

Comme **poissons**, les deux femmes écrivent des **crevettes** et des sardines. Le **homard** est trop cher pour l'entreprise. Par contre, Marie pense que des **croque-monsieurs** sont facile à préparer, pas très chers et tout le monde les aime !

« Mais ce n'est pas du poisson », dit Jeanne.

En effet, mais Marie le note tout de même et elle ajoute de la **brandade de morue** à la liste. Elle veut ajouter du **merlan au vin blanc** mais, encore une fois, le patron risque de ne pas être d'accord pour un plat avec de l'alcool.

Poissons	fishes
crevettes	shrimps
homard	lobster
croque-monsieurs	toasted cheese sandwich with ham
brandade de morue	cod and potatoes mashed
merlan au vin blanc	whiting in white wine

« Il faut proposer des plats avec du **riz**, dit Jeanne et d'autres avec des **pommes de terre**.
- Comme de la **tartiflette?**, demande Marie.

- Oui. Je pense aussi que le **ragoût** est une bonne idée.

- La **ratatouille** aussi, tu ne penses pas ?

- La ratatouille demande beaucoup de **légumes,** dit Jeanne. Il faut des **courgettes**, des tomates, des **poivrons**...

- Tu mets des poivrons dans ta ratatouille ?!, demande Marie.

- **Parfois** oui, dit Jeanne. Mais c'est **ma propre recette** ! »

riz	rice
pommes de terre	potatoes
tartiflette	dishes of potatoes, cheese and bacon
ragoût	stew of meat, fishes and/or vegetables
ratatouille	vegetable stew
légumes	vegetables
courgettes	zucchini
poivrons	peppers
parfois	sometimes
ma propre recette	my own recipe

Le deux femmes ajoutent des quiches, des **friands** et des **quenelles** à leurs idées de plats. Elles espèrent que leur patron va être content. Les omelettes et les **frites** sont aussi sur la liste : tout le monde aime ça et c'est **facile à préparer.** Par contre, les deux femmes **évitent** d'écrire des aliments que les gens n'aiment pas trop, comme les **épinards.** Marie veut noter **un gratin de choux de Bruxelles**, mais Jeanne lui dit que ce n'est pas une bonne idée. Le **gratin dauphinois** semble meilleur.

Friand	pastry stuffed with minced sausage meat, ham and cheese or almodn cream
quenelle	fish or meat dumpling, often poached
frites	french fried
facile à préparer	easy to prepare
éviter	to avoid
épinard	spinach
choux de Bruxelles	Brussels sprouts
gratin dauphinois	potatoes gratin with grated cheese

« Que penses-tu du **jambon de Bayonne** avec de la **julienne de légume** ?, demande Jeanne.

- Oui, pourquoi pas, dit Marie. Et du **jarret de veau** ?

- Oui, aussi. Mais ça fait beaucoup de viandes.

- Je pense qu'il faut voir des desserts aussi », dit Marie.

Jeanne est très gourmande et elle adore les desserts. Pour cette partie de la liste, la femme a beaucoup d'idées. Comme du soufflé au chocolat, de la **tarte tatin** ou encore des **poires belle Hélène.**

« Des **choux à la crème** ?, demande Marie.

- Trop compliqué à préparer, dit Jeanne. Et ceux achetés surgelés ne sont pas bons.

- De la **crème à la vanille** alors. »

jambon de Bayonne	smoked and cured ham
julienne de légumes	soup with chopped vegetables
jarret de veau	shin of veal
tarte tatin	baked apple dish
poire belle Hélène	pear in chocolate sauce
chou à la crème	cream puff
crème à la vanille	vanilla custard

« Nous **oublions** les entrées, dit Marie.

- Tu as raison, dit Jeanne. Nous avons des desserts et le plat principal, mais pas d'entrées.

- Je note des **carottes râpées** et du **céleri rémoulade**, dit Marie.

- Des **cœurs d'artichauts** aussi. Avec de la vinaigrette, c'est très bon !

- Et que penses-tu de la **macédoine de légumes** ?

- Tu manges de la macédoine en entrée ?, dit Jeanne.

- Pas toi ?

- Non, mais **pourquoi pas**. Autrement, ça fait un bon accompagnement. Avec de la **viande froide** par exemple. »

oublier	to forget
carottes râpées	grated carrots
céleri rémoulade	celeriac in mayonnaise and mustard dressing
cœur d'artichaut	artichoke heart
macédoine de légumes	mixed vegetables with mayonnaise
pourquoi pas	why not
viande froide	cold meat

Les deux femmes **regardent** tout le livre de recettes de Marie et elles notent beaucoup d'idées de plats pour leur patron. Il y a de la viande, du poisson, des recettes avec des légumes, d'autres avec des **féculents** et aussi des desserts. **Après une heure** de réflexion, la liste pour le menu du mois est longue. Heureusement, les deux femmes n'ont pas à **choisir** des **boissons** en plus : dans la cantine de l'entreprise, **tout le monde boit de l'eau**. Mais elles écrivent quand même quelques idées d'alcool et de noms de bons vins : il y a **des petites fêtes** dans l'entreprise de temps en temps !

Regarder	to look at
féculents	starchy
après une heure	after one hour
choisir	to choose
boissons	drinks
tout le monde boit de l'eau	everybody drinks water
des petites fêtes	some small parties

Vocabulary Recap 10:

Elles travaillent/travailler	they work/to work
ils mangent/manger	they eat/to eat
ils n'ont pas le temps de rentrer chez eux	they don't have time to go home
les repas	the meals
fatiguant	tiresome
les deux femmes	the two women
faire la vaisselle	to do the dishes
s'occupent	take care
demander	to ask
nouveaux plats	new meals
il veut un peu de changement	he wants a little change
gourmand	gourmet
contentes	happy
un mois complet	a complete month
une semaine	a week
Un livre de recettes	a recipe book
trouver des idées	to find ideas
ordre alphabétique	alphabetical order
un stylo	a pen
les viandes	the meats
Aiguillettes de bœuf	slices of rump steak
bœuf bourguignon	beef cooked with red wine
être d'accord	to be agree
vin	wine
autoriser	to allow
boeuf mironton	boiled beef with onions
poulet frit	fried chicken
gigot	lamb
rosbif	roast beef
porc	pork
bifteck	steak
saucisses	sausages
boudin noir/boudin blanc	black/white pudding
Poissons	fishes
crevettes	shrimps
homard	lobster
croque-monsieurs	toasted cheese sandwich with ham
brandade de morue	cod and potatoes mashed
merlan au vin blanc	whiting in white wine
riz	rice
pommes de terre	potatoes
tartiflette	dishes of potatoes, cheese and bacon
ragoût	stew of meat, fishes and/or vegetables

ratatouille	vegetable stew
légumes	vegetables
courgettes	zucchini
poivrons	peppers
parfois	sometimes
ma propre recette	my own recipe
Friand	pastry stuffed with minced sausage meat, ham and cheese or almodn cream
quenelle	fish or meat dumpling, often poached
frites	french fried
facile à préparer	easy to prepare
éviter	to avoid
épinard	spinach
choux de Bruxelles	Brussels sprouts
gratin dauphinois	potatoes gratin with grated cheese
jambon de Bayonne	smoked and cured ham
julienne de légumes	soup with chopped vegetables
jarret de veau	shin of veal
tarte tatin	baked apple dish
poire belle Hélène	pear in chocolate sauce
chou à la crème	cream puff
crème à la vanille	vanilla custard
oublier	to forget
carottes râpées	grated carrots
céleri rémoulade	celeriac in mayonnaise and mustard dressing
cœur d'artichaut	artichoke heart
macédoine de légumes	mixed vegetables with mayonnaise
pourquoi pas	why not
viande froide	cold meat
Regarder	to look at
féculents	starchy
après une heure	after one hour
choisir	to choose
boissons	drinks
tout le monde boit de l'eau	everybody drinks water
des petites fêtes	some small parties

Histoire/Story 11 : Une visite au commissariat...

Disclaimer: This story is not suitable for a young audience. The story talks about crime, so if you plan to read it to your childrenm I encourage you to skip it. Thank you for your understanding.

Sharon Duncan est **une jeune femme anglaise**. Elle aime beaucoup la France et elle parle un petit peu le français. Son niveau n'est pas excellent, mais la fille arrive à se faire comprendre **quand elle a besoin de quelque chose**. Sharon est en vacances en France pour une semaine. Elle visite Paris et **le château** de Versailles. **Elle veut** aussi visiter des châteaux dans d'autres régions, mais **elle n'a pas le temps** d'y aller. Alors la jeune femme **reste** dans la capitale française. En plus, **il y a beaucoup de choses à voir à Paris.**

Une jeune femme anglaise	a young english woman
quand elle a besoin de quelque chose	when she needs something
le château	the castle
elle veut/vouloir	she wants/to want
elle n'a pas le temps	she has no time
rester	to stay
il y a beaucoup de choses à voir à Paris	there are many things to see in Paris

Sharon **n'a aucun problème** durant son séjour en France, pour le moment. **Tout se passe vraiment très bien** et la jeune femme est très contente. Elle pense que les français sont **gentils** et **accueillants**. Même si il y a beaucoup de touristes **dans les rues** et que les français ne **parlent** pas tous anglais. Sharon n'arrive pas à **comprendre** quand certains français lui parlent. Elle pense qu'ils parlent **trop vite** et qu'ils ne font pas attention à parler plus **lentement**.

Elle n'a aucun problème	she has no problem
Tout se passe vraiment très bien	everything is going really well
gentil	kind
accueillant	welcoming
dans les rues	in the streets
parler	to speak

comprendre	to understand
trop vite	too fast
lentement	slowly

Le jour avant son retour en Angleterre, Sharon a un problème. Elle **mange** dans un restaurant, en terrasse, et **elle va aux toilettes**. Mais elle **oublie** son sac à main à la table. Quand elle revient des toilettes, son **sac à main** n'est plus là. Elle **demande au serveur,** mais l'homme n'a rien vu. Le sac à main a disparu. Sharon est inquiète et elle pense que c'est **un vol**. La jeune femme décide d'aller au commissariat.

« **Où est le commissariat ?** », demande-t-elle au serveur.

Le serveur lui donne la direction et lui propose de l'accompagner. Sharon le remercie mais elle veut y aller **seule**.

Le jour avant	the day before
manger	to eat
elle va aux toilettes	she goes to the toilet
oublier	to forget
sac à main	handbag
demander au serveur	to ask the waiter
un vol	a theft
où est le commissariat ?	Where is the police station ?
Seule	alone

La jeune femme n'a pas de chance : dans la rue, sur le chemin, **un adolescent** décide de l'**embêter** en lui demandant de l'argent.

« **Laissez-moi tranquille !** », lui dit Sharon.

Mais le garçon ne part pas.

« **Allez-vous en ou j'appelle la police !** », dit la jeune femme.

Le garçon a peur et il s'en va.

Sharon arrive au commissariat. Elle a envie de **pleurer** et en plus il y a du monde qui **attend** au poste de police... La jeune femme **s'assoit** et attend elle aussi.

Un adolescent	a teenager
embêter	to bother
laissez-moi tranquille !	Leave me alone !
allez-vous en ou j'appelle la police !	Go away or I call the police !
Pleurer	to cry
attendre	to wait
s'assoir	to sit

À côté d'elle, un agent demande à une autre femme pourquoi elle vient déposer plainte.

« **On m'a violée...** », explique la femme.

Sharon pense que cette femme a encore moins de chance qu'elle...

Après un peu d'attente, c'est au tour de Sharon d'être prise en charge. C'est **un policier** qui vient vers elle.

« **Pouvez-vous m'aider ?**, demande Sharon en français.

- Qu'est-ce qui se passe ?, répond le policier. **Vous êtes anglaise ?**

- Oui, **je parle très peu le français**, dit Sharon. **Est-ce qu'il y a quelqu'un qui parle anglais ici ?**

- Désolé, je ne pense pas. Il faut **expliquer** votre problème en français, madame. »

on m'a violée	I've been raped
un policier	a policeman
pouvez-vous m'aider ?	Can you help me ?
Vous êtes anglaise ?	Are you english ?
Je parle très peu le français	I speak very little french
est-ce qu'il y a quelqu'un qui parle anglais ici ?	Does anyone here speak English ?
Expliquer	to explain

Sharon reste calme et explique son problème avec les mots français qu'elle connait.

« **Je veux signaler un vol**, dit-elle. **On m'a volé mon sac à main avec mon argent**.

- D'accord. **Venez avec moi**, on va voir ça ensemble, dit le policier.

- **Je veux parler à une femme agent de police** », dit Sharon.

La jeune femme **se sent mieux** si elle parle à une autre femme. Le policier lui dit qu'il n'y a pas de problème pour parler à **une policière**. Il emmène Sharon dans un des bureaux.

Je veux signaler un vol	I want to report a theft
on m'a volé mon sac à main avec mon argent	someone has stolen my handbag with my money
venez avec moi	come with me
je veux parler à une femme agent de police	I want to speak to a police woman
se sentir mieux	to feel better
une policière	a police woman

Sharon doit encore attendre un peu car la policière **est occupée** avec un homme. L'homme a un problème de **voiture**.

« **Je ne savais pas quelle était la limite de vitesse**, dit l'homme.

- Vous avez aussi **brûlé un feu rouge**, dit la policière.

- **Je suis vraiment désolé, madame l'agent**, dit l'homme. **C'est une amende de combien ?**

- Deux-cent vingt-cinq euros,.

- **Est-ce qu'il faut la payer immédiatement ?**, demande l'homme.

- Oui, monsieur, dit la policière.

- **Où dois-je la payer ?**

- Allez voir mon collègue au guichet. »

être occupé	to be busy
voiture	car
je ne savais pas quelle était la limite de vitesse	I didn't know the speed limit

vous avez brûlé un feu rouge	you went through a red light
je suis vraiment désolé madame l'agent	I'm very sorry, officer
c'est une amende de combien ?	How much is the fine ?
Est-ce qu'il faut la payer immédiatement ?	Do I have to pay it straight away ?
Où dois-je la payer ?	Where do I pay it ?

Dans le bureau d'à côté, il y a une femme qui a aussi un problème de voiture.

« **On a forcé ma voiture**, explique la femme. Puis **on a volé ma voiture.** »

Le policier qui l'aide lui demande des détails pour son rapport. La femme lui explique **comment ça s'est passé** et elle demande si la voiture sera retrouvée. Le policier lui dit que la police fera ce qu'elle peut.

« **Il faut que je passe un coup de téléphone**, dit la femme. Et je pense qu'**il me faut un constat pour mon assurance.** »

on a forcé ma voiture	my car has been broken into
on a volé ma voiture	my car has been stolen
comment ça s'est passé	how it happened
il faut que je passe un coup de téléphone	I need to make a phone call
il me faut un constat pour mon assurance	I need a report for my insurance

Sharon explique enfin son problème à la femme policière. La policière parle un petit peu anglais et **elle écrit la plainte de Sharon**. Elle pense que le sac à main **ne sera pas retrouvé**. Sharon est vraiment très **triste**, elle a de **l'argent** et des **souvenirs** dans ce sac. Ce n'est pas grave pour les souvenirs, mais sans argent elle ne peut pas **payer** la chambre d'hôtel ni le ticket de train pour rentrer en Angleterre.

« **Vous avez une carte de crédit** dans ce sac ?, demande la policière.

- Non, j'ai toujours ma carte de crédit **dans ma poche** », dit Sharon.

C'est une assez bonne nouvelle : Sharon n'a pas besoin de téléphoner à sa banque pour bloquer sa carte de crédit. En plus, elle peut payer **l'hôtel** et le ticket de train avec.

Elle écrit la plainte de Sharon	she writes the Sharon's complaint

il ne sera pas retrouvé	it will not be found
triste	sad
argent	money
souvenirs	memories
vous avez une carte de crédit ?	Do you have a credit card ?
Dans ma poche	in my pocket
l'hôtel	the hostel

Il n'y a pas grand chose à faire. Sharon **perd** l'argent qu'elle a dans le sac à main volé. Mais c'est une bonne chose d'aller au commissariat pour **déposer une plainte.**

Quand elle sort du poste de police, la jeune femme voit **un petit garçon** qui pleure. Le petit garçon a dix ou **onze ans** et il est tout seul.

« **Je me suis perdu**..., dit le petit garçon au policier. **Le car est parti sans moi**... **S'il-vous-plaît, appelez ma maman !** »

Sharon est triste pour ce petit garçon. Ce n'est pas elle qui passe **la pire** journée !

Il n'y a pas grand chose à faire	there is not much to do
déposer une plainte	to fill a claim
un petit garçon	a small boy
onze ans	eleven years old
je me suis perdu	I'm lost
le car est parti sans moi	the coach has left without me
s'il-vous-plaît	appelez ma maman
please	call my mom
la pire	the worst

Vocabulary Recap 11:

Une jeune femme anglaise	a young english woman
quand elle a besoin de quelque chose	when she needs something
le château	the castle
elle veut/vouloir	she wants/to want
elle n'a pas le temps	she has no time
rester	to stay
il y a beaucoup de choses à voir à Paris	there are many things to see in Paris
Elle n'a aucun problème	she has no problem
Tout se passe vraiment très bien	everything is going really well
gentil	kind
accueillant	welcoming
dans les rues	in the streets
parler	to speak
comprendre	to understand
trop vite	too fast
lentement	slowly
Le jour avant	the day before
manger	to eat
elle va aux toilettes	she goes to the toilet
oublier	to forget
sac à main	handbag
demander au serveur	to ask the waiter
un vol	a theft
où est le commissariat ?	Where is the police station ?
Seule	alone
Un adolescent	a teenager
embêter	to bother
laissez-moi tranquille !	Leave me alone !
allez-vous en ou j'appelle la police !	Go away or I call the police !
Pleurer	to cry
attendre	to wait
s'assoir	to sit
on m'a violée	I've been raped
un policier	a policeman
pouvez-vous m'aider ?	Can you help me ?
Vous êtes anglaise ?	Are you english ?
Je parle très peu le français	I speak very little french
est-ce qu'il y a quelqu'un qui parle anglais ici ?	Does anyone here speak English ?
Expliquer	to explain
Je veux signaler un vol	I want to report a theft
on m'a volé mon sac à main avec mon argent	someone has stolen my handbag with my money

venez avec moi	come with me
je veux parler à une femme agent de police	I want to speak to a police woman
se sentir mieux	to feel better
une policière	a police woman
être occupé	to be busy
voiture	car
je ne savais pas quelle était la limite de vitesse	I didn't know the speed limit
vous avez brûlé un feu rouge	you went through a red light
je suis vraiment désolé madame l'agent	I'm very sorry, officer
c'est une amende de combien ?	How much is the fine ?
Est-ce qu'il faut la payer immédiatement ?	Do I have to pay it straight away ?
Où dois-je la payer ?	Where do I pay it ?
on a forcé ma voiture	my car has been broken into
on a volé ma voiture	my car has been stolen
comment ça s'est passé	how it happened
il faut que je passe un coup de téléphone	I need to make a phone call
il me faut un constat pour mon assurance	I need a report for my insurance
Elle écrit la plainte de Sharon	she writes the Sharon's complaint
il ne sera pas retrouvé	it will not be found
triste	sad
argent	money
souvenirs	memories
vous avez une carte de crédit ?	Do you have a credit card ?
Dans ma poche	in my pocket
l'hôtel	the hostel
Il n'y a pas grand chose à faire	there is not much to do
déposer une plainte	to fill a claim
un petit garçon	a small boy
onze ans	eleven years old
je me suis perdu	I'm lost
le car est parti sans moi	the coach has left without me
s'il-vous-plaît	appelez ma maman
please	call my mom
la pire	the worst

Histoire/Story 12 : Qu'est-ce que je peux faire de mon temps libre ?

Dans la famille Dumond, tout le monde **est bien occupé**. Le père est **ouvrier** dans une usine et la mère travaille comme **vendeuse** dans une pharmacie. Le couple Dumond a **deux enfants**, Zoé et Benjamin. Les enfants vont tous les deux à **l'école** et Benjamin, le plus jeune, pratique une activité sportive. Le garçon fait de **la natation.**

Zoé a **quinze ans** et elle va au collège. Pendant son **temps libre**, la jeune fille aime **jouer sur son ordinateur** et **discuter avec ses amies**. Elle ne fait pas de sport comme son frère, mais elle veut se trouver **un passe-temps.**

Être occupé	to be busy
ouvrier	worker
vendeuse	saleswoman
deux enfants	two childrens
l'école	the school
la natation	swimming
quinze ans	15 years old
temps libre	free time
jouer sur l'ordinateur	to play on the computer
discuter avec des amis	to talk/to chat with friends
un passe-temps	hobby

Zoé pense à un passe-temps créatif. La jeune fille aime **créer** des choses avec ses mains. En plus, elle **aime** beaucoup l'art et surtout les sculptures. Elle pense donc à faire de **la poterie.** Mais c'est une activité **salissante**. En plus, il faut être patient. Fabriquer un vase ne se fait pas **facilement**, il faut **apprendre** les techniques et **s'entraîner** plusieurs fois avant de réussir un bel objet. Zoé pense donc que cette activité **n'est pas pour elle** : elle n'est pas assez patiente.

Créer	to create
aimer	to like
la poterie	pottery

salissant	messy/dirty
facilement	easily
apprendre	to learn
s'entraîner	to train/to practise
ce n'est pas pour elle	it's not for her

Comme **elle n'a pas d'autres idées**, la jeune fille **demande des conseils** à sa mère. Madame Dumond fait beaucoup de **couture**. Elle achète du **tissu** et fabrique **ses propres vêtements**. Elle fait parfois des **robes** pour sa fille Zoé et des **chemises** pour son fils Benjamin. Mais madame Dumond préfère **coudre** des jupes pour ensuite les **broder**. La femme fait de **la broderie** depuis cinq ans maintenant. Elle fait même partie d'un club de broderie. Elle y va **une fois par semaine**.

Elle n'a pas d'autres idées	she has no other ideas
demander des conseils	to ask for advices
couture	sewing
tissu	fabric
ses propres vêtements	her own clothes
robe	dress
chemise	shirt
coudre	to sew
broder	to embroider
la broderie	Embroidery
une fois par semaine	once a week

Zoé pense que **le tricot** est amusant. La jeune fille voit souvent sa grand-mère **tricoter** quand elle va la voir chez elle. **La grand-mère** tricote des **chaussettes** et des **écharpes** pour ses petits enfants. En plus, Zoé adore **la laine** : c'est **doux** et **agréable** sur la peau. Mais la jeune fille ne sait pas tricoter et elle n'a pas envie d'apprendre. Elle sait que sa grand-mère **n'est pas un bon professeur** et elle ne connait **personne d'autre** pour apprendre à tricoter. Puis la jeune fille pense que le tricot est une activité pour **les personnes âgées**.

Le tricot	knitting
tricoter	to knit
la grand-mère	the grandmother
chaussettes	socks
écharpe	scarf
la laine	wool
doux	soft
agréable	enjoyable
n'est pas un bon professeur	is not a good teacher
personne d'autre	nobody else
les personnes âgées	the old people

Madame Dumond ne sait pas trop quelle activité **peut plaire** à sa fille. Avec Benjamin, tout est plus **facile** : le petit garçon s'intéresse à tous **les jeux de société**. Il aime aussi **les jeux vidéo**, mais il préfère **jouer aux cartes** ou **jouer aux dominos**. Benjamin aime aussi **le jeu de dames,** mais c'est **un tricheur**. Le garçon **triche** toujours pour **gagner le jeu**. Il est mauvais perdant, il n'aime pas **perdre le jeu**. C'est parce qu'il est encore un enfant.

Peut plaire	can please
facile	easy
jeux de société	board games
jeux video	video games
jouer aux cartes	to play at cards
jouer aux dominos	to play at dominoes
le jeu de dames	draughts
un tricheur	a cheater
tricher	to cheat
gagner le jeu	to win the game
perdre le jeu	to lose the game

Benjamin a onze ans. Pour s'occuper, il **joue au ballon** ou avec **une corde à sauter**. Le jeune garçon aime aussi beaucoup **la balançoire** dans son jardin et **le train électrique** dans sa chambre. Avec sa sœur, il aime **jouer à cache-cache.** Mais Zoé est une adolescente, pour s'occuper elle veut une vraie activité qu'elle peut faire **seule**, sans son frère et sans ses parents. **Sa mère ne sait pas** et lui dit de demander à son père.

Jouer au ballon	to playball
une corde à sauter	a skipping rope
la balançoire	the swing
le train électrique	the electric train
jouer à cache-cache	to play at hide and seek
seule	alone
sa mère ne sait pas	her mother doesn't know

Monsieur Dumond aime les activités de plein air qui se font **dehors**, dans la nature. Comme son père, le grand-père de Zoé, monsieur Dumond est **un chasseur**. Il va à **la chasse** tous les dimanches lorsque c'est la bonne **saison**. Mais l'homme pense que la chasse est une activité **trop dangereuse** pour une adolescente. Il veut proposer à sa fille d'aller à **la pêche** avec lui. Monsieur Dumond pense que la pêche est une activité calme et **relaxante**.

Dehors	outside
un chasseur	an hunter
la chasse	hunting
saison	season
trop dangereuse	too dangerous
la pêche	fishing
relaxante	relaxing

Mais **Zoé n'aime pas faire du mal aux animaux**. La jeune fille pense que la chasse et la pêche ne sont pas de bons passe-temps. Pourtant, **l'adolescente** aime aussi être à l'extérieur, loin de la maison. Mais elle veut une activité qu'**elle peut faire** sans la surveillance de ses parents. Son père lui propose de faire de **la randonnée**. En plus, la jeune fille aime beaucoup **marcher** ! Mais Zoé n'a pas de **voiture** pour aller en forêt... Et la jeune fille veut un loisir pour **tous les jours**.

Zoé n'aime pas faire du mal aux animaux	Zoé doesn't like to hurt animals
adolescente	teenager (F)
elle peut faire	she can do
la randonnée	walk, hike
macher	to walk
voiture	car
tous les jours	everyday

Monsieur Dumond est aussi **bricoleur**. Dans la maison, c'est lui qui **répare tout** ! Il a un petit atelier dans la cave pour **bricoler**. Il invite sa fille à essayer, mais Zoé n'aime pas **le bricolage**. Par contre, elle pense aimer **le jardinage**. La famille Dumond a **un grand jardin** où il y a souvent quelque chose à faire : **couper les fleurs**, **tondre la pelouse**, couper **les buissons**... Zoé pense que le jardinage est une bonne activité. Mais son père lui demande ce qu'elle fait **l'hiver** ou quand il

bricoleur	handyman
réparer tout	to repair all
bricoler	to do odd job
le bricolage	DIY
le jardinage	gardening
un grand jardin	a big garden
couper les fleurs	to cut the flowers
tondre la pelouse	to mow the lawn
les buissons	the bushes
l'hiver	the winter

La jeune fille pense que le jardinage est bien **quand le soleil brille** et qu'il ne fait pas froid dehors. Elle veut donc trouver un autre loisir à faire **à l'intérieur**, au chaud. Sa mère lui parle de la collection de son grand-père. L'homme aime **les livres** et il a une très grande **bibliothèque**, mais c'est aussi **un collectionneur** de livres rares. Il les cherche dans **les boutiques d'antiquités** et les **échange** avec d'autres collectionneurs.

Quand le soleil brille	when the sun shines
à l'intérieur	inside
les livres	the books
bibliothèque	library
un collectionneur	a collector
les boutiques d'antiquités	the antique shops
échanger	to exchange

Zoé se dit que commencer une collection est **une bonne idée**. En plus, elle peut la **montrer** à ses amies et **elle n'a besoin de personne** pour agrandir sa collection. La jeune fille **réfléchit** : elle peut commencer à collectionner les pièces de **monnaie** ou les cartes postales... Elle aime bien l'idée des **cartes postales**, car il y a des cartes dans tous **les pays**. C'est un petit peu comme un voyage quand on les regarde. Mais les cartes postales sont grandes et ne vont pas dans un album. Alors Zoé **choisit** finalement de collectionner **les timbres**. Ils sont plus petits et invitent aussi aux voyages ! C'est décidé, maintenant Zoé est **philatéliste** !

Une bonne idée	a good idea
montrer	to show
elle n'a besoin de personne	she doesn't need anyone
réfléchir	to think about
monnaie	money
cartes postales	postcards
les pays	countries
choisir	to choose
les timbres	stamps
philatéliste	stamp collector

Vocabulary Recap 12:

Être occupé	to be busy
ouvrier	worker
vendeuse	saleswoman
deux enfants	two childrens
l'école	the school
la natation	swimming
quinze ans	15 years old
temps libre	free time
jouer sur l'ordinateur	to play on the computer
discuter avec des amis	to talk/to chat with friends
un passe-temps	hobby
Créer	to create
aimer	to like
la poterie	pottery
salissant	messy/dirty
facilement	easily
apprendre	to learn
s'entraîner	to train/to practise
ce n'est pas pour elle	it's not for her
Elle n'a pas d'autres idées	she has no other ideas
demander des conseils	to ask for advices
couture	sewing
tissu	fabric
ses propres vêtements	her own clothes
robe	dress
chemise	shirt
coudre	to sew
broder	to embroider
la broderie	Embroidery
une fois par semaine	once a week
Le tricot	knitting
tricoter	to knit
la grand-mère	the grandmother
chaussettes	socks
écharpe	scarf
la laine	wool
doux	soft
agréable	enjoyable
n'est pas un bon professeur	is not a good teacher
personne d'autre	nobody else
les personnes âgées	the old people
Peut plaire	can please
facile	easy

jeux de société	board games
jeux video	video games
jouer aux cartes	to play at cards
jouer aux dominos	to play at dominoes
le jeu de dames	draughts
un tricheur	a cheater
tricher	to cheat
gagner le jeu	to win the game
perdre le jeu	to lose the game
Jouer au ballon	to playball
une corde à sauter	a skipping rope
la balançoire	the swing
le train électrique	the electric train
jouer à cache-cache	to play at hide and seek
seule	alone
sa mère ne sait pas	her mother doesn't know
Dehors	outside
un chasseur	an hunter
la chasse	hunting
saison	season
trop dangereuse	too dangerous
la pêche	fishing
relaxante	relaxing
Zoé n'aime pas faire du mal aux animaux	Zoé doesn't like to hurt animals
adolescente	teenager (F)
elle peut faire	she can do
la randonnée	walk, hike
macher	to walk
voiture	car
tous les jours	everyday
bricoleur	handyman
réparer tout	to repair all
bricoler	to do odd job
le bricolage	DIY
le jardinage	gardening
un grand jardin	a big garden
couper les fleurs	to cut the flowers
tondre la pelouse	to mow the lawn
les buissons	the bushes
l'hiver	the winter
Quand le soleil brille	when the sun shines
à l'intérieur	inside
les livres	the books
bibliothèque	library
un collectionneur	a collector

les boutiques d'antiquités	the antique shops
échanger	to exchange
Une bonne idée	a good idea
montrer	to show
elle n'a besoin de personne	she doesn't need anyone
réfléchir	to think about
monnaie	money
cartes postales	postcards
les pays	countries
choisir	to choose
les timbres	stamps
philatéliste	stamp collector

Histoire/Story 13 : Un long voyage en voiture.

Joseph et Bénédicte habitent à Paris. **Ils sont mariés** depuis deux ans mais ils n'ont pas encore d'enfants. Le couple **habite** à Paris depuis six mois. Ils ont déménagé depuis **le sud de la France** pour leur travail. Bénédicte **travaille** dans une start-up et son mari **cherche un nouvel emploi**. Il espère trouver un travail très bientôt.

Le couple ne **connait** pas bien Paris et sa région. Ils sortent beaucoup, surtout le week-end et ils visitent des **musées** dans la capitale. Mais **Joseph a un rêve** : il veut visiter le château de Versailles.

Ils sont mariés	they are married
habiter	to live
le sud de la France	the south of France
travailler	to work
chercher un nouvel emploi	to search a new job
connaître	to know
musées	museums
Joseph a un rêve	Joseph has a dream

Le château de Versailles est à l'extérieur de Paris. Il y a des trains qui vont jusqu'à cette ville, mais Joseph et Bénédicte **veulent** y aller en voiture. Ils pensent que c'est plus **pratique** pour se déplacer dans la ville de Versailles et pour **voir** d'autres choses là-bas. En plus, ils n'ont pas à **attendre** le train : **ils arrivent et repartent quand ils veulent**.

Le voyage est un petit peu long et c'est Joseph qui **conduit**. L'homme a son **permis de conduire** depuis longtemps et c'est un bon conducteur qui respecte toujours **les limites de vitesse**.

Le château de Versailles	the castle of Versailles
ils veulent/vouloir	they want/to want
pratique	convenient
voir	to see
attendre	to wait
ils arrivent et repartent quand ils veulent	they come and go when they want

conduire	to drive
permis de conduire	driving license
limites de vitesse	speed limits

Bénédicte a toujours un petit peu peur en voiture. La jeune femme **a peur** des accidents, mais elle a confiance dans **son mari** : elle sait qu'il conduit très bien et qu'il **fait attention**. En plus, le couple a **une voiture** en excellent état. **Le moteur** fonctionne très bien et **la batterie** est neuve. Joseph prend soin de la voiture et il l'emmène au garage pour les réparations. Il ne **répare** pas la voiture lui-même, il laisse faire les professionnels.

Avoir peur	to fear
son mari	her husband
faire attention	to be careful
une voiture	a car
le moteur	engine
la batterie	battery
réparer	to repair

Bénédicte et son mari mettent leurs **ceintures de sécurité** et Joseph démarre la voiture. C'est parti pour aller à Versailles ! **Sur la route**, Joseph garde les deux mains sur **le volant**. Quand il faut tourner, il met toujours **le clignotant**.

Bénédicte se demande si il y a encore du produit dans le **lave-glace** pour nettoyer **le pare-brise**. Son mari oublie souvent de remettre du produit. Mais sur le chemin, il pleut. La pluie **nettoie** toute seule le pare-brise. Joseph active **les essuie-glaces** pour enlever l'eau. Bénédicte souhaite que la pluie s'arrête : elle ne veut pas visiter le château **sous la pluie**.

Ceinture de sécurité	seat belt
sur la route	on the road
le volant	steering wheel
le clignotant	the indicator
lave-glace	windscreen washers

le pare-brise	windscreen
nettoyer	to clean
les essuie-glaces	windscreen wipers
sous la pluie	under the rain

Heureusement, la pluie ne dure pas longtemps et **les nuages gris** partent. Le couple n'est pas encore arrivé, mais Joseph voit qu'**il a besoin** d'essence. Il y a une station essence tout près, dans **deux kilomètres.**

C'est Bénédicte qui sort de la voiture pour mettre de **l'essence**. Mais la jeune femme ne sait plus si il faut mettre du **sans plomb** ou du **gasoil**. Elle demande à Joseph qui lui dit de **faire le plein** avec du sans plomb.

« **Où dois-je payer ?** », demande Bénédicte à son mari.

Joseph lui dit d'aller payer dans **la petite boutique.**

Les nuages gris	the grey clouds
il a besoin	he needs
deux kilomètres	two kilometers
l'essence	the petrol, gas
sans plomb	unleaded
gasoil	diesel
faire le plein	to fill it up
Où dois-je payer ?	Where do I pay ?
La petite boutique	the little shop

« Bonjour, dit Bénédicte à l'homme de la station service. **La pompe numéro 3**, s'il-vous-plaît.

- **Quarante-cinq euros d'essence sans plomb.**

- **Vous acceptez les cartes de crédits ?**, demande la jeune femme.

- **Bien sûr**, madame », dit l'homme.

La station service propose aussi de **vérifier le niveau d'huile** et **la pression des pneus**. Mais Bénédicte ne le demande pas : elle sait que tout est bon. La jeune femme sait aussi qu'il y a même **une roue de secours** dans le coffre. Joseph est très **prévoyant !**

La pompe numéro 3	pump number 3
quarante-cinq euros d'essence sans plomb	45 euros' worth of unleaded petrol
vous acceptez les cartes de crédits ?	Do you take credit cards ?
Bien sûr	of course
vérifier le niveau d'huile	to check the oil
vérifier la pression de pneus	to check the tyre pressure
une roue de secours	a spare wheel
prévoyant	far-sighted

Le couple repart vers Versailles. Sur le chemin, Bénédicte a besoin d'aller aux toilettes. Comme ils sont sur **l'autoroute**, Joseph **s'arrête** sur une aire de repos. Joseph attend sa femme sur le petit parking. **Près de** sa voiture, il y a une famille qui revient de vacances. Le père de famille **semble inquiet**. Il a un problème avec sa voiture et il téléphone à **l'assistance automobile**.

« Allô?, dit l'homme. Bonjour, **pouvez-vous m'aidez ? Je n'arrive pas à démarrer**. Je pense que **ma voiture est en panne. Pouvez-vous me remorquer jusqu'au garage le plus proche ?** »

Mais l'assistance automobile le met en attente. L'homme s'énerve et il raccroche. Joseph est triste pour lui et il va l'aider.

L'autoroute	the highway
s'arrêter	to stop
près de	near
il semble inquiet	he seems worried
l'assistance automobile	breakdown assistance
pouvez-vous m'aider ?	Can you help me ?
Je n'arrive pas à démarrer	I can't start the car
ma voiture est en panne	my car has broken down

pouvez-vous me remorquer jusqu'au garage le plus proche ?   Can you tow me to the nearest garage ?

Joseph **aide** l'homme et ensemble ils regardent sous **le capot** de la voiture. C'est **le radiateur** qui ne marche pas et il y a aussi un problème avec **le starter.**

« **Il y a un garage près d'ici ?** », demande l'homme à Joseph.
Par chance, Joseph a dans sa voiture le numéro d'un garage de la région. Il **donne** le numéro à l'homme qui téléphone immédiatement.

« Allô, bonjour, **avez-vous des pièces de rechange pour une Renault Megane 3 ?** »

Il semble que le problème du père de famille va être **bientôt** réglé.
L'homme remercie Joseph pour le numéro de téléphone du garage.

Aider	to help
le capot	bonnet
le radiateur	the radiator
le starter	choke
il y a un garage près d'ici ?	Is there a garage near here ?
Donner	to give
avez-vous des pièces de rechange pour une... ?	Do you have parts for a (make of car) ?
Bientôt	soon

Bénédicte et Joseph repartent vers Versailles. Ils sont bientôt arrivés. Une fois **dans la ville**, le couple voit le grand château. C'est bon, **ils sont enfin arrivés !** Mais il faut encore trouver une place de parking pour pouvoir **garer la voiture**. Beaucoup de rues de la ville sont en **stationnement interdit.** Ce n'est pas facile de trouver une place **libre**. Mais le couple suit **un panneau** vers un parking **gratuit**. Malheureusement, celui-ci est **complet**. Mais il y en a un autre dans la ville. C'est un parking **en sous-sol** et il y a des places libres !

Dans la ville	in the city
ils sont arrivés	they are arrived

garer la voiture	to park the car
stationnement interdit	no parking
libre	spaces
un panneau	a sign
gratuit	free
complet	full
en sous-sol	underground

Joseph allume **les phares** dans le parking car il fait un peu sombre. Il **trouve** une place facilement pour se garer. En plus, la place de parking est près de **la caisse** et de **la sortie**.

Joseph et Bénédicte **sont contents** de sortir de voiture. Ils prennent **l'ascenseur** pour remonter à la surface et arrivent dans la ville. Plus loin, il y a le château de Versailles et ses nombreux touristes. Le couple doit **marcher** un petit peu, mais Joseph est tellement **heureux** que **ça n'a pas d'importance**. C'est son rêve de visiter ce château et il le voit enfin en vrai !

Les phares	headlights
trouver	to find
la caisse	cash desk
la sortie	the exit
être content	to be happy
l'ascenseur	the lift
marcher	to walk
heureux	glad
ça n'a pas d'importance	it doesn't matter

Vocabulary Recap 13:

Ils sont mariés	they are married
habiter	to live
le sud de la France	the south of France
travailler	to work
chercher un nouvel emploi	to search a new job
connaître	to know
musées	museums
Joseph a un rêve	Joseph has a dream
Le château de Versailles	the castle of Versailles
ils veulent/vouloir	they want/to want
pratique	convenient
voir	to see
attendre	to wait
ils arrivent et repartent quand ils veulent	they come and go when they want
conduire	to drive
permis de conduire	driving license
limites de vitesse	speed limits
Avoir peur	to fear
son mari	her husband
faire attention	to be careful
une voiture	a car
le moteur	engine
la batterie	battery
réparer	to repair
Ceinture de sécurité	seat belt
sur la route	on the road
le volant	steering wheel
le clignotant	the indicator
lave-glace	windscreen washers
le pare-brise	windscreen
nettoyer	to clean
les essuie-glaces	windscreen wipers
sous la pluie	under the rain
Les nuages gris	the grey clouds
il a besoin	he needs
deux kilomètres	two kilometers
l'essence	the petrol, gas
sans plomb	unleaded
gasoil	diesel
faire le plein	to fill it up
Où dois-je payer ?	Where do I pay ?
La petite boutique	the little shop
La pompe numéro 3	pump number 3

quarante-cinq euros d'essence sans plomb	45 euros' worth of unleaded petrol
vous acceptez les cartes de crédits ?	Do you take credit cards ?
Bien sûr	of course
vérifier le niveau d'huile	to check the oil
vérifier la pression de pneus	to check the tyre pressure
une roue de secours	a spare wheel
prévoyant	far-sighted
L'autoroute	the highway
s'arrêter	to stop
près de	near
il semble inquiet	he seems worried
l'assistance automobile	breakdown assistance
pouvez-vous m'aider ?	Can you help me ?
Je n'arrive pas à démarrer	I can't start the car
ma voiture est en panne	my car has broken down
pouvez-vous me remorquer jusqu'au garage le plus proche ?	Can you tow me to the nearest garage ?
Aider	to help
le capot	bonnet
le radiateur	the radiator
le starter	choke
il y a un garage près d'ici ?	Is there a garage near here ?
Donner	to give
avez-vous des pièces de rechange pour une... ?	Do you have parts for a (make of car) ?
Bientôt	soon
Dans la ville	in the city
ils sont arrivés	they are arrived
garer la voiture	to park the car
stationnement interdit	no parking
libre	spaces
un panneau	a sign
gratuit	free
complet	full
en sous-sol	underground
Les phares	headlights
trouver	to find
la caisse	cash desk
la sortie	the exit
être content	to be happy
l'ascenseur	the lift
marcher	to walk
heureux	glad
ça n'a pas d'importance	it doesn't matter

Histoire/Story 14 : Une visite au centre culturel en fauteuil roulant...

Annie est une jeune femme qui travaille comme **infirmière** spécialisée. Son métier est de s'occuper de **personnes handicapées** et de les aider dans la vie de tous les jours. La jeune femme adore son travail car **elle se sent utile** en aidant les autres. Depuis un an, Annie **travaille** avec Jean. Jean a quarante ans et il est handicapé depuis un accident de **voiture**. Il ne peut plus **marcher** et il est en **fauteuil roulant**. L'homme est content d'avoir l'infirmière avec lui pour **l'aider** car il vit tout seul. En plus, Annie a une voiture : elle peut **emmener** Jean chez le docteur, en ville pour faire du shopping ou ailleurs.

Infirmière	nurse
personnes handicapées	disabled people
elle se sent utile	she feels useful
travailler	to work
voiture	car
marcher	to walk
fauteuil roulant	wheelchair
aider	to help
emmener	to bring

Jean est tout de même **indépendant**, mais c'est vrai que l'infirmière est utile au quotidien. Surtout pour **sortir** de la maison. Jean n'aime pas **aller en ville tout seul** et c'est un petit peu compliqué pour lui. **Il ne peut pas prendre le bus** et le centre-ville est trop loin pour y aller sans véhicule.

Aujourd'hui, l'homme veut aller au centre culturel de la ville. Il voit dans **le journal** qu'il y a une **exposition** là-bas. Jean aime beaucoup l'art et surtout **la peinture**. Il **dessine** parfois, mais il pense que les autres sont meilleurs que lui. Jean n'est pas un artiste, il fait des dessins comme **passe-temps.** Mais il aime regarder le travail artistique des autres.

Indépendant	independent
sortir	to go out
aller en ville tout seul	to go in town alone
il ne peut pas prendre le bus	he can't take the bus

le journal	the newspaper
exposition	exhibition
la peinture	painting
dessiner	to draw
passe-temps	hobby

Le centre culturel se trouve en centre ville et Annie emmène Jean en voiture. Le centre culturel est un grand monument en verre. **Il est neuf** et moderne. **À l'intérieur**, il y a **une bibliothèque publique**, une salle de spectacles, qui sert aussi pour des meetings et des concerts, et une salle d'exposition. Devant, il y a un grand parking **gratuit**. L'accès à la bibliothèque est également gratuit. **L'entrée** pour voir les expositions et aller aux spectacles est **payante**. En général, le ticket **n'est pas très cher.**

C'est **la première fois** que Annie et Jean vont dans le centre culturel et ils ne savent si il y a des **aménagements pour les handicapés**. Le hall d'entrée **au rez-de-chaussée** est totalement accessible. Annie et Jean vont à l'accueil pour **poser quelques questions**.

Le centre culturel	the cutlural center
il est neuf	it's new
à l'intérieur	inside
une bibliothèque publique	a public library
gratuit	free
l'entrée	the entrance
payante	paying
ce n'est pas très cher	it's not very expensive
la première fois	the first time
aménagements pour les handicapés	facilities for diseable people
au rez-de-chaussée	on the ground floor
poser quelques questions	to ask some questions

« Bonjour, dit Annie à la femme au guichet. **On peut visiter en fauteuil roulant ?**

- Oui, bien sûr, dit la femme. Vous pouvez aller à la bibliothèque et à la salle d'exposition qui est **au premier étage.**

- **Est-ce qu'il a un ascenseur ?**

- Oui, il y en a un.

- **Où est l'ascenseur ?**, demande Annie.
- Il est là-bas, **à droite**, montre la femme.
- Très bien ! Et **est-ce qu'il y a des toilettes pour handicapés ?**

- Oui, il y en a dans le hall et au premier étage, explique la femme du guichet.

- Merci beaucoup ! », dit Annie.

On peut visiter en fauteuil roulant ?	Can we visit in a wheelchair ?
Au premier étage	on the first floor
est-ce qu'il y a un ascenseur ?	Is there a lift ?
Où est l'ascenseur ?	Where is the lift ?
À droite	on the right
est-ce qu'il y a des toilettes pour handicapés ?	Are there any toilets for the disabled ?

La femme du guichet donne **un plan** du centre culturel à Jean. L'homme est content de voir qu'**il peut aller visiter** l'exposition. Avec Annie, il prend l'ascenseur jusqu'au premier étage.

L'exposition se trouve dans **la galerie d'art** du centre culturel et l'entrée est payante.

« **Est-ce qu'il y a une réduction pour les handicapés ?** », demande Jean.

Non, il n'y a pas de réduction, c'est le même prix pour tous les visiteurs. Mais le ticket est vraiment très peu cher.

Un plan	a map
il peut aller visiter	he can go to visit
la galerie d'art	the art gallery
est-ce qu'il y a une réduction pour les handicapés ?	Is there a eduction for disabled people ?

C'est une exposition de **peintures** et de sculptures. Les artistes invités sont tous de la ville ou de la région. **Ils ne sont pas très connus**, mais **les oeuvres-d'art** sont très belles.

Jean regarde d'abord **les tableaux**. C'est de l'art moderne ; il y a des **paysages** et quelques portraits. Jean observe les coups de **pinceaux** sur **la toile**. L'homme pense que ces œuvres sont inspirées de l'impressionnisme. Jean aime beaucoup Monet et sa manière de **peindre**.

Dans cette exposition, il y a aussi quelques **aquarelles**. Annie aime beaucoup **la palette de couleurs** utilisée.

« **C'est un tableau original** », dit-elle à Jean en lui montrant un paysage.

Peintures	paintings
ils ne sont pas très connus	they are not very famous
les oeuvres-d'art	the works of art
les tableaux	pictures/paintings
paysage	landscape
pinceau	brush
toile	canvas
peindre	to paint
aquarelle	watercolor
la palette de couleurs	the color palette
c'est un tableau original	this is an original painting

Entre les tableaux, il y a des statues. Certaines sont en **céramique**, d'autres en bronze. Annie préfère les statues **grandeur nature**, mais dans cette exposition il n'y a que des **bustes** miniatures. Il y a aussi des sculptures en **marbre** qui représentent des **animaux**. Annie n'aime pas cette partie de l'exposition. Jean aussi **préfère** regarder les peintures.

« **Est-ce qu'il y a un endroit où l'on peut s'asseoir ?** », demande Annie à Jean.

La femme veut s'asseoir quelques minutes pour **se reposer** un petit peu.

Céramique	ceramics

grandeur nature	life-size
buste	bust
marbre	marble
animaux	animals
préférer	to prefer
est-ce qu'il y a un endroit où l'on peut s'asseoir ?	Is there somewhere we can sit down ?
Se reposer	to rest

Après la visite de l'exposition, Jean **demande** à aller à la bibliothèque. Il veut voir **les romans** et peut-être demander **une carte** de bibliothèque pour **emprunter** des livres. Jean sait que la carte est gratuite et il adore **lire**. L'homme lit **au moins deux livres par mois**. Il aime **les romans d'aventures** et les romans historiques.

Annie aussi aime lire, mais la femme préfère **les romans policiers** et surtout **les romans noirs**. Par contre, elle déteste les romans de science-fiction. Mais elle lit de temps en temps de **la poésie**.

Demander	to ask
les romans	novels
une carte	a card
emprunter	to borrow
lire	to read
au moins deux livres par mois	at least two books per month
les romans d'aventures	adventure novels
les romans policiers	detective novels
les romans noirs	horror novels
la poésie	poetry

Dans le hall du centre culturel, **il y a maintenant beaucoup de personnes**. Jean se demande ce qui se passe. Annie se renseigne : il y a **une conférence** dans la salle de spectacle qui **commence** dans trente minutes. C'est une conférence sur les différents **mouvements littéraires**. Il y a des **écrivains** qui sont invités.

« Est-ce qu'il y a **des auteurs connus** ? », demande Jean.

Annie ne sait pas. Elle va à l'accueil pour demander le programme.

« Oui, il y a **une romancière** célèbre qui participe à la conférence », dit Annie.
Elle donne le programme à Jean qui a envie d'aller voir.

« **On peut y aller en fauteuil roulant ?** », demande Jean.

Annie regarde sur le plan. Oui, il y a une entrée spéciale pour les handicapés et elle est tout près des **loges**. Peut-être que Jean et Annie vont voir la romancière avant tout le monde !

Il y a maintenant beaucoup de personnes	there are now a lot of people
une conférence	a lecture
commencer	to begin
mouvements littéraires	literary movements
écrivains	writers
des auteurs connus	famous authors
une romancière	a novelist (F)
on peut y aller en fauteuil roulant ?	Can we go in a wheelchair ?
Les loges	the lodges/backstage

Vocabulary Recap 14:

Infirmière	nurse
personnes handicapées	disabled people
elle se sent utile	she feels useful
travailler	to work
voiture	car
marcher	to walk
fauteuil roulant	wheelchair
aider	to help
emmener	to bring
Indépendant	independent
sortir	to go out
aller en ville tout seul	to go in town alone
il ne peut pas prendre le bus	he can't take the bus
le journal	the newspaper
exposition	exhibition
la peinture	painting
dessiner	to draw
passe-temps	hobby
Le centre culturel	the cutlural center
il est neuf	it's new
à l'intérieur	inside
une bibliothèque publique	a public library
gratuit	free
l'entrée	the entrance
payante	paying
ce n'est pas très cher	it's not very expensive
la première fois	the first time
aménagements pour les handicapés	facilities for diseable people
au rez-de-chaussée	on the ground floor
poser quelques questions	to ask some questions
On peut visiter en fauteuil roulant ?	Can we visit in a wheelchair ?
Au premier étage	on the first floor
est-ce qu'il y a un ascenseur ?	Is there a lift ?
Où est l'ascenseur ?	Where is the lift ?
À droite	on the right
est-ce qu'il y a des toilettes pour handicapés ?	Are there any toilets for the disabled ?
Un plan	a map
il peut aller visiter	he can go to visit
la galerie d'art	the art gallery
est-ce qu'il y a une réduction pour les handicapés ?	Is there a eduction for disabled people ?
Peintures	paintings

ils ne sont pas très connus	they are not very famous
les oeuvres-d'art	the works of art
les tableaux	pictures/paintings
paysage	landscape
pinceau	brush
toile	canvas
peindre	to paint
aquarelle	watercolor
la palette de couleurs	the color palette
c'est un tableau original	this is an original painting
Céramique	ceramics
grandeur nature	life-size
buste	bust
marbre	marble
animaux	animals
préférer	to prefer
est-ce qu'il y a un endroit où l'on peut s'asseoir ?	Is there somewhere we can sit down ?
Se reposer	to rest
Demander	to ask
les romans	novels
une carte	a card
emprunter	to borrow
lire	to read
au moins deux livres par mois	at least two books per month
les romans d'aventures	adventure novels
les romans policiers	detective novels
les romans noirs	horror novels
la poésie	poetry
Il y a maintenant beaucoup de personnes	there are now a lot of people
une conférence	a lecture
commencer	to begin
mouvements littéraires	literary movements
écrivains	writers
des auteurs connus	famous authors
une romancière	a novelist (F)
on peut y aller en fauteuil roulant ?	Can we go in a wheelchair ?
Les loges	the lodges/backstage

Histoire/Story 15 : La préparation du gâteau d'anniversaire.

Tim et Léo sont **frères**. Tim a quatorze ans et Léo a treize ans, mais **Léo est plus grand que Tim** en taille. Il le **dépasse d'une tête**. Tim et Léo ont **une sœur** qui s'appelle Sonia. Sonia **est plus âgée** et c'est l'aînée de la famille. Demain, la jeune fille fête son **anniversaire**. Elle va avoir seize ans. Ses deux frères ont **un cadeau** pour elle, le dernier **roman** d'une série de livres fantastiques, mais ils préparent aussi un gâteau. Sonia adore les gâteaux, surtout ceux au chocolat. La jeune fille pense qu'**ils sont meilleurs que ceux avec des fruits**.

dépasse d'une tête	He is a head taller
Frères	brothers
Léo est plus grand que Tim	Léo is taller than Tim
une sœur	a sister
elle est plus âgée	she is older
anniversaire	birthday
un cadeau	a present
un roman	a novel
ils sont meilleurs que ceux avec des fruits	It is better than the cake with fruits

Les parents de Tim et Léo **ont confiance** dans leurs enfants. Ils laissent la cuisine aux deux garçons qui préparent **seuls** le gâteau. Tim demande à son frère de sortir **un grand saladier.** Léo ne sait pas lequel prendre alors il sort le rouge et le bleu.

« **Le rouge est plus grand que le bleu**. C'est celui-là qu'il faut prendre », dit Tim.

Le jeune garçon sort **le livre de recettes** et regarde les ingrédients. Dans la cuisine, il y a tout ce qu'il faut **pour faire le gâteau.**

Avoir confiance	to trust
seul	alone
un grand saladier	a big bowl
le rouge est plus grand que le bleu	the red one is bigger than the bleu one
un livre de recettes	a recipe book

127

pour faire le gâteau   to make the cake

Léo sort **un kilo de farine** et **une brique de lait**. Tim prend **une boîte de sucre** en poudre et **une demie-douzaine d'œufs**. Il faut aussi du chocolat et **un pot** de cannelle, sans oublier du **beurre**. Tim ne met pas beaucoup de **cannelle** dans les gâteaux, mais juste assez pour donner un petit goût en plus. C'est la petite originalité de Tim quand il cuisine et **il pense que c'est meilleur !**

Un kilo de farine	a kilo of flour
une brique de lait	a carton of milk
une boîte de sucre	a box of sugar
une demie-douzaine d'œufs	a half dozen eggs
un pot	a jar
beurre	butter
cannelle	cinnamon
il pense que c'est meilleur	he thinks it's better

« **Allume le four** maintenant, dit Tim à son frère. Le four met beaucoup de temps à chauffer et il doit être bien **chaud** pour la cuisson tout à l'heure.

- **Chaud comment ?**, demande Léo.

- **Aussi chaud que l'Enfer !** », dit Tim en rigolant.

Léo **rigole** aussi. Il aime bien quand son grand frère fait des **blagues**. Il pense que Tim est amusant, mais qu'**il est moins drôle que Jason** qui est dans sa classe à l'école.

Allumer le four	to turn on the oven
chaud	hot
chaud comment ?	hot how ?
Aussi chaud que l'Enfer !	As hot as Hell !
Rigoler	to laugh
blagues	jokes

il est moins drôle que Jason   he is less funny than Jason

Tim commence par **mettre** la farine dans le saladier, puis il ajoute **cent grammes de sucre**. Léo met **une portion de levure** et verse le lait.

« Non, lui dit son frère. Il faut mettre **deux fois** plus de lait.

- Tu veux dire que je verse **le double** ?, demande Léo.

- Oui, c'est ça. Sinon **il n'y en a pas assez** et le gâteau est raté. »

Mais **le pire** est d'oublier de mettre le chocolat ! Tim **fait fondre** du beurre et du chocolat dans une **casserole**. Il met environ **un quart** de la tablette de beurre et cinq tablettes de chocolat. Ce qui fait **moins de beurre que de chocolat**, mais c'est très bien ainsi pour ce gâteau.

Mettre	to put
cent grammes de sucre	100 grams of sugar
une portion de levure	a portion of yeast
deux fois	twice
le double	double
il n'y en a pas assez	there is not enough
le pire	the worst
faire fondre	to melt down
casserole	saucepan
un quart	a quarter
moins de beurre que de chocolat	less butter than chocolate

Léo veut mettre la cannelle. Son frère lui dit de mettre seulement **un pour cent** de cannelle, mais le jeune garçon **ne sait pas** combien ça fait. Tim lui **montre** dans sa main qu'il faut prendre vraiment très peu d'épice. Ensuite, Léo **mélange** tous les ingrédients dans le saladier. C'est dur, mais **la partie la plus difficile** vient ensuite. Il faut verser le mélange dans le moule à gâteau et ensuite le faire cuire. Pour Tim, **la cuisson est aussi difficile que ses devoirs** de mathématiques. Il y a beaucoup de choses à penser et il faut surveiller le four **en même temps**.

Un pour cent	one per cent
il ne sait pas	he doesn't know
montrer	to show
mélanger	to mix
la partie la plus difficile	the hardest part
la cuisson est aussi difficile que ses devoirs	cooking is as difficult as his homeworks
en même temps	at the same time

Pendant que le gâteau cuit, Léo **cherche** une boîte de **bougies** d'anniversaire. Il pense en **trouver** dans **les tiroirs** de la cuisine, mais non, il n'y en a pas. Son frère lui dit de regarder dans **la cave** car leur mère range beaucoup de choses sur les étagères de la cave. Mais Léo **a peur** d'aller dans la cave. Il fait noir là-bas. **Il fait aussi noir que dans le vieux grenier** et le jeune garçon a peur des monstres. Mais Tim allume la lumière de la cave et Léo trouve **une douzaine** de bougies.

Chercher	to search
bougies	candles
trouver	to find
les tiroirs	drawers
la cave	the cellar
avoir peur	to fear
Il fait aussi noir que dans le vieux grenier	it's as dark as in the old attic
une douzaine	a dozen

« **Il y a assez de bougies ?** », demande Léo à son frère.

Tim regarde et il voit qu'il y a **moins de** seize bougies. Il manque donc quatre bougies. En plus, ce n'est pas **un paquet** de bougies d'anniversaire que Léo ramène, mais des bougies pour un chandelier.

« Ce n'est pas ce qu'il faut, dit Tim. **Demande** à maman si elle peut **acheter** des bonnes bougies. »

Le gâteau est **bientôt** cuit et Tim pense que **c'est le plus gros gâteau qu'il n'a jamais fait** ! Le jeune garçon est **fier** de lui et **il espère que le gâteau est aussi bon qu'il en a l'air.**

Il y a assez de bougies ?	Is there enough candles ?
Moins de	less than
un paquet	a packet
demander	to ask
acheter	to buy
bientôt	soon
c'est le plus gros gâteau qu'il n'a jamais fait	it's the biggest cake he has never made
fier	proud
il espère que le gâteau est aussi bon qu'il en a l'air	he hopes that the cake is as good as it looks

Mais Léo est un petit peu **déçu** quand il regarde le résultat. Le jeune garçon pense que **ce n'est pas le même que** dans le livre de cuisine. Son frère lui explique que c'est normal : le gâteau pour Sonia **est différent** du gâteau dans le livre car il n'a pas été fait par des professionnels. Mais il est sans doute aussi bon, et **peut-être même meilleur** ! Tim pense que sa sœur va être très contente **tandis que** son frère a un doute. Léo pense qu'il faut décorer le gâteau pour le rendre plus beau.

Déçu	disappointed
ce n'est pas le même que	it's not the same as
est différent	is different
peut-être même meilleur	maybe even better
tandis que	whereas

Léo **est doué** en décoration, **contrairement** à son frère qui est meilleur en cuisine. Avec des petites fleurs en sucre et des **tranches de** pâte d'amande, Léo fait un joli décor sur **le haut** du gâteau. Tout autour, il met beaucoup de bonbons et **autant de** boules de chocolat. Le jeune garçon pense que c'est vraiment mieux comme ça. Maintenant, **il est dix fois plus content** du résultat !

Être doué	to be gifted
contrairement	unlike

une tranche de	a slice of
le haut	the top
autant	as much
il est dix fois plus content	he is ten times happy

Vocabulary Recap 15:

dépasse d'une tête	He is a head taller
Frères	brothers
Léo est plus grand que Tim	Léo is taller than Tim
une sœur	a sister
elle est plus âgée	she is older
anniversaire	birthday
un cadeau	a present
un roman	a novel
ils sont meilleurs que ceux avec des fruits	It is better than the cake with fruits
Avoir confiance	to trust
seul	alone
un grand saladier	a big bowl
le rouge est plus grand que le bleu	the red one is bigger than the bleu one
un livre de recettes	a recipe book
pour faire le gâteau	to make the cake
Un kilo de farine	a kilo of flour
une brique de lait	a carton of milk
une boîte de sucre	a box of sugar
une demie-douzaine d'œufs	a half dozen eggs
un pot	a jar
beurre	butter
cannelle	cinnamon
il pense que c'est meilleur	he thinks it's better
Allumer le four	to turn on the oven
chaud	hot
chaud comment ?	hot how ?
Aussi chaud que l'Enfer !	As hot as Hell !
Rigoler	to laugh
blagues	jokes
il est moins drôle que Jason	he is less funny than Jason
Mettre	to put
cent grammes de sucre	100 grams of sugar
une portion de levure	a portion of yeast
deux fois	twice
le double	double
il n'y en a pas assez	there is not enough
le pire	the worst
faire fondre	to melt down
casserole	saucepan
un quart	a quarter
moins de beurre que de chocolat	less butter than chocolate
Un pour cent	one per cent

il ne sait pas	he doesn't know
montrer	to show
mélanger	to mix
la partie la plus difficile	the hardest part
la cuisson est aussi difficile que ses devoirs	cooking is as difficult as his homeworks
en même temps	at the same time
Chercher	to search
bougies	candles
trouver	to find
les tiroirs	drawers
la cave	the cellar
avoir peur	to fear
Il fait aussi noir que dans le vieux grenier	it's as dark as in the old attic
une douzaine	a dozen
Il y a assez de bougies ?	Is there enough candles ?
Moins de	less than
un paquet	a packet
demander	to ask
acheter	to buy
bientôt	soon
c'est le plus gros gâteau qu'il n'a jamais fait	it's the biggest cake he has never made
fier	proud
il espère que le gâteau est aussi bon qu'il en a l'air	he hopes that the cake is as good as it looks
Déçu	disappointed
ce n'est pas le même que	it's not the same as
est différent	is different
peut-être même meilleur	maybe even better
tandis que	whereas
Être doué	to be gifted
contrairement	unlike
une tranche de	a slice of
le haut	the top
autant	as much
il est dix fois plus content	he is ten times happy

How to download the MP3?

Go to this page: http://www.talkinfrench.com/download-mp3-learn-french-stories-beginners-vol-3/

If you need help. Contact me at this email address:

contact@talkinfrench.com

FREE French learning package:

The French Learning Package is a growing collection of free resources that will help you learn French Faster and Better:

- Step by Step Study Guide to Learning French
- French Pronunciation Guide
- 7 Chapters of the Beginner's French Grammar Ebook
- 10 self-introduction examples (with MP3)
- 200 most frequent French Words (PDF and MP3)
- …and so much more!

Check it out here:

http://www.talkinfrench.com/french-free-package

About the author:

Frédéric BIBARD is the founder of Talkinfrench.com. He helps motivated learners to improve their French and create a learning habit.

Questions about the ebook or French?

Contact me via email or through the Facebook page.

Email: Frederic@talkinfrench.com

Facebook: facebook.com/talkinfrench

I want your feedback.

Please write a review on Amazon.

After reading, please write an honest, unbiased review. I look forward to reading it.

Thank you so much, merci beaucoup.

Frédéric BIBARD

Check out Talk in French on social media:

I provide 1 French word and 1 French expression everyday:

Facebook:

www.facebook.com/talkinfrench

Twitter:

twitter.com/talkinfrench

Instagram:

http://instagram.com/talkinfrench

Google Plus:

https://plus.google.com/105441463665166798943/posts

Want to continue to read more in French?

For beginners:

1jour1actu

Intermediate:

Leparisien

20 minutes

Advanced:

Lemonde.fr

Lefigaro.fr

Liberation.fr

Made in the USA
San Bernardino, CA
29 June 2016